내 삶의 주인이 내가 아닐 때

만들어지는 병, 조현병

내 삶의 주인이 내가 아닐때 만들어지는 병, 조현병

ⓒ 황상민 2020

초판 1쇄	2020년 8월 5일
초판 4쇄	2023년 9월 8일

지은이	황상민

출판책임	박성규	펴낸이	이정원
편집주간	선우미정	펴낸곳	도서출판 들녘
기획이사	이지윤	등록일자	1987년 12월 12일
편집	이동하·이수연·김혜민	등록번호	10-156
디자인	하민우·고유단	주소	경기도 파주시 회동길 198
마케팅	전병우	전화	031-955-7374 (대표)
경영지원	김은주·나수정		031-955-7381 (편집)
제작관리	구법모	팩스	031-955-7393
물류관리	엄철용	이메일	dulnyouk@dulnyouk.co.kr

ISBN   979-11-5925-561-8 (03180)

내 삶의 주인이 내가 아닐 때

만들어지는 병, 조현병

황상민 지음

들녘

"여호와 하느님이 땅의 흙으로 사람을 지으시고, 생기를 그 코에 불어넣으시니, 사람이 생명이 되었다.(창세기 2, 7)"

인간의 몸과 마음에 대한 이야기는 이렇게 시작된다. 마음을 연구한다는 기대로 심리학을 공부한 지 40년이 넘었지만, 아직도 나에게 묻는다.

'마음이 뭐지?'

'마음이 있기는 할까?'

인간이 몸과 마음으로 이루어졌다는 사실은 이미 수천 년 전부터 알고 있었다. 하지만 의학이 과학으로 몸을 연구하겠다고 한 이후, 혹은 심리학이 마음을 과학으로 연구하겠다고 나선 지도 이미 150년이 넘었다. 그러나 여전히 마음에 대한 우리의 이해 정도는 사람의 몸에 불어넣은 '생기' 수준이다.

조현병 약과 같은 정신과 약을 거의 30년 이상 복용한 친구가 있다. 어느 날 그는 자신의 마음의 아픔이 '하느님에 대한 믿음'으로 치유되었다고 말했다. 계속 정신과 약을 먹는 게 도움이 되는지를 물은 나의 질문에 대한 그의 답이었다. 그러면서 그는 "약을 먹지 않으면 내 몸이 이상해질까 봐 불안해서 먹을 수밖에 없다"고 덧붙였다. 나는 더 이상 아무 말도 할 수 없었다. '하느님에 대한 믿음'과 '정신과 약'이 마음과 몸의 아픔에 대한 치료법이라고 그는 굳게 믿고 있었다.

『내 삶의 주인이 내가 아닐 때 만들어지는 병, 조현병』은 인간의 마음이 무엇인지, 그리고 그것이 약에 의해 어떻게 파괴되는지를 고발하는 책이다. 그렇다. 몸이 아닌 마음이 약에 의해 어떻게 망가지는지를 알리려 한다. 특히, 과학으로 무장한 현대 의학에서 '조현병'으로 진단하는 마음의 병이 어떻게 만들어지며 치료되는지 알리고 싶다. 조현병이라는 이름으로 불리는 이 병은 근대에 들어와서까지도 여전히 '악마에 쓴 자' 또는 '마음을 잃은 사람'이라 진단되곤 했다. 이들이 가진 마음의 정체는 무엇일까? 보통 사람들의 마음과 다른 것인가? 아니, 이들에게 마음이라는 것이 있을까? 이들은 어떻게 다시 '정상'이라는 사람의 마음으로 바뀔 수 있을까? 이 책은 마음에 대해 알지 못하는 전문가들에 의해 인간의 마음이 체계적으로 망가지는 상황을 보여줄 것이다.

대부분의 한국인은 '안정적인 삶' '돈' '성공' '출세' 행복'을 바란다. 심지어 그것을 손에 쥐고 있다고 믿으면서도 '마음의 병'을 달고 산다. 행복이라는 마약에 의존하는 사람, 실제로 마약을 하는 재벌가 자제들 등 권력과 사회 계층은 다르지만 이들 역시 각자의 방식으로 '자신의 마음의 아픔'을 표현할 뿐이다. 우리는 대체 그 누구를 '정신병자'라고 할 수 있을까?

전 세계를 코마 상태에 빠트린 '코로나19'를 통해 우리는 놀라운 사실을 알게 되었다. 마음을 잃어 폐기 상태에 놓인 '청도대남병원'에 갇힌 정신병 환자들의 실체를 알게 된 것이다. 이런 결과는 '정신병'을 진단하고 규정하는 정신의학이 마치 21세기의 신흥종교처럼 유일신의 자리에 올라 "마음을 관리한다"고 호언장담할 때 벌어지는 일이다. 자기 마음을 잃어버린 인간들을 '의학'이라는 권위에 의지해 '정신병' 환자로 규정하고, 현대판 고려장이 아닌 마녀사냥을 하고 있는 것이다. 그런데 '코로나19' 팬데믹 사태는 아이러니하게도 이런 신과 같은 권능을 행사하는 전문가의 정체도 알려주었다. 무작정 그들을 믿지 말고 각자도생(各自圖生)의 상황에서 우리 각자가 자신의 삶을 보호하고 관리해야 하는 주체로 살아야 한다는 것을 말이다.

의사들은 대개 몸의 '아픔'을 '병'이라 여겨 '치료'하려 한다. 이 치료의 목표는 '정상적인 삶으로의 복귀'이다. 그런데 이때 의사들은 병의 치료가 마치 고장 난 기계의 부속품을 바꾸듯이 수술이나 약의 복용을 통해 세균이나 바이러스의 활동을 막으면 되는 것이라 생각한다. 하지만 마음은 몸과 다르다. 따라서 마음의 병을 몸의 병 치료하듯이 할 수는 없다. 해서도 안 된다. 이런 곤란한 상황을 타개하기 위해 '정신의학자'들은 심지어 마음의 존재를 부정하고, 마음의 이상에 의해 일어나는 인간의 의식과 행동들을 모두 '뇌의 이상' '신경전달물질 혹은 신경회로의 이상'이라 주장한다. 즉 '마음의 병'이라고 하면서 실제로는 '뇌라는 신체 장기, 그 장기의 고장으로 나타난 병'으로 단정해버린 뒤 뇌에 영향을 주는 화학약품을 '약'이라는 이름으로 처방하는 것이다.

사람들이 겪는 '마음의 아픔'을 어떻게 이해하고 어떻게 도와야 할까? 고장 난 기계처럼 마음을 고칠 수 없다면, '몸의 병'과 다르게 진단하고 고쳐야 한다면, 이런 사람들을 치료할 수 있는 방법은 대체 무엇이어야 할까?

그 방법 중의 하나가 바로 20세기에 들어와 널리 알려진 프로이트 박사와 많은 심리상담가들이 사용하는 '대화요법'에 기초한 심리상담, 심리치료 방법이다. 하지만 여기에도 한계는 여전히 많다. 이런 상황이기에 마음의 아픔이나 마음의 문제를 치료한다는 것은 막연히 상담과 함께 '약'을 꾸준히 복용하는 것 이외에는 대안이 없다는 소리까지 나온다. '대화요법'을 사용한다고 하더라도 인간 스스로 자신의 마음을 제대로 파악하고, 또 그에 따라 심리치료가 이루어질 수 있다면 이런 아쉬운 상황을 벗어날 수 있을 것이다.

이 책을 집필하는 데 많은 분들의 도움을 받았다. '황심소(황상민의 심리상담소)'에 참여한 양정아, 최윤희, 이재훈, 이승아, 윤수림 선생은 다큐 영화 〈만들어지는 병, 조현병〉을 만들기 시작한 첫 순간부터 이 책이 나오기까지 나와 함께한 연구원들이다. 그들이 없었다면 이런 놀라운 결과는 결코 세상에 나올 수 없었을 것이다. 마지막으로 꼭 언급하고 싶은 분이다. 조현병 환자 수준의 심리상태를 나 스스로 생생하게 겪을 수 있게 해주고, 또 그것으로부터 탈출하면서 내가 이 책을 쓸 수 있게 해준 분이 있다. 정년이 보장된 '테뉴어(Tenure)교수'를 '겸직금지 위반'이라는 핑계로 대학에서 잘라낸 연세대학교 총장님의 발작적 노고에 감사를 표하고 싶다. 하지만 '돈의 노예' '권력의 하수인'으로 평생을 산 듯한 그분의 인생이 나를 통해 확인된 것은 정말 마음 아픈 일이다. 그분과 더불어 이 땅에서 마음이 아프고, 마음이 병든 사람들이 자신의 마음을 다시 찾기를 바란다. 또 이 책이 그들을 지켜보거나 치료하는 많은 사람들이 자신의 마음부터 살펴보는 계기가 되어주길 바란다. 하느님이 자신의 형상을 닮은 인간을 만들었지만 결국 중요한 것은 그 인간 자신이 절대자 신의 마음을 가지려 해서는 안 된다는 것을 깨달아야 한다는 성경의 내용을 오늘도 상담하러 온 많은 분들을 통해 계속 확인하게 되는 것이 감사할 따름이다.

일러두기

* 본문에 나오는 K군(가명), 철군(가명), 하니양(가명)의 상담 내용 및 그림은 당사자의 허락을
  받고 실은 것입니다.
* 방송 및 유튜브에 등장하는 사례에서는 출연자의 이름을 이니셜로 표기했습니다.
* QR코드를 스캔(종이책)하거나 하이퍼링크 기능을 활용(전자책)하면 관련 동영상을 확인하
  실 수 있습니다.

짐작과는 다른 일들

사건사고의 원인은 '조현병'이다?

"40대 조현병 환자가 고속도로에서 역주행을 하다 정면추돌 사고를 냈습니다. 피해 차량에서는 이달 말 결혼을 알리는 청첩장 다발이 발견됐습니다."

"최근 진주 방화살인사건 피의자 ○○○이 조현병 치료를 받아온 사실이 확인됐습니다."

"조현병을 앓는 60대 남성이 자신을 비방한다는 환청을 듣고 이웃을 숨지게 했습니다."

한동안 저녁 뉴스 시간을 달구었던 소식들이다. 당시 보도된 사건사고에 정점을 찍은 것은 '고 임세원 교수' 사건과 '진주 방화사건'이다. 임 교수는 정신건강의학과 전문의 겸 의과대학 교수로서 2018년 12월 31일 재직 중이던 강북삼성병원에서 자신이 담당하던 환자 박 모 씨에게 피살되었다. 범인 박 모 씨는 조울증을 앓고 있었다고 전해졌다. 한편 2019년 4월 17일 경남 진주시 가좌동 한 아파트에서는 안 모 씨가 방화 후 주민들에게 흉기를 휘둘러 18명의 사상자를 냈다. 주민들은 "안씨가 과거 조현병을 앓은 것으로 안다"고 하면서 "경찰과 보건당국의 대처가 허술했다"라고 지적했다.

끔찍한 인면수심의 흉악범죄 발생 시, 정신병자의 소행일 것이라고 언론 매체에서 예상하고 이를 기사화하는 경우는 어제 오늘의 일이 아니다. 올바른 정신을 가진 사람이라면 그러한 범죄를 일으킬 수 없다고 믿기 때문이다. 아니, 어쩌면 그러한 흉악범죄는 도덕감이나 윤리감이 없는 즉 인성에 문제가 있는 정신병 환자(psychopath, 사이코패스)에 의해 저질러진다고 믿고 싶어 하기 때문이다. 그렇다. 이런 믿음은 한때 사람들이 병을 신의 저주나 죄의 결과로 믿었던 생각과 비슷하다. 더 이상 신의 뜻에 의해 세상이 움직인다고 믿지 않고 과학으로 세상을 이해하게 된 20세기 이후에도, 여전히 인간은 범죄 행위와 같은 일이 잘못된 인성에 의해 저질러진다고 믿으려 한다. 그리고 '정신병자(미친놈)'라는 표현은 어느 순간부터 '잘못된 행위'나 '범죄'와 비슷한 의미로 받아들여졌다.

보통 '정신병'을 어떤 질병이라고 한다면, 그것은 의사가 다루어야 하는 문제이다. 하지만 우리가 말하는 대부분의 정신병 문제는 보통 어떤 사람이 가진 '마음의 아픔'이나 '인간관계의 문제'와 관련된, 혹은 사회적 갈등에서 비롯된다. 이런 경우, 21세기에 사는 우리가 더 이상 병을 '신의 저주'나 '죄의 결과'로 생각하지 않듯이 정신병 또한 어떤 개인의 '잘못된 인성'의 문제로 볼 일은 아니다. 그렇다면, 정신병자 또는 이들이 겪고 있는 병을 어떻게 보아야 하나? 그리고 의사들은 자신들이 '정신질환자'로 진단·분류하는 사람들이 가진 '마음의 문제' 또는 '마음의 아픔'을 어떻게 다루어야 할까? 아니, 이런 아픔과 문제를 겪는 사람이 젊은이들을 중심으로 기하급수적으로 증가하는 작금의 상황에서 마음의 아픔, 마음의 문제와 관련이 있는 듯한 범죄를 어떻게 바라보아야 하며, 이에 대해 어떤 대응책을 마련해야 할까? '아픈 마음'을 너무도 쉽고 간단하게 범죄행위와 연관시키는 21세기 대한민국에서 '정신질환자'의 마음에 대한 나의 탐색은 이런 질문에서 시작되었다.

실제로 법정신의학자들의 연구를 종합하여 보면, 정신질환자들의 범죄가 일반인들에 비해 실제로 낮음[1]을 알 수 있다. 그런데도 조현병으로 쉽게 지칭되는 사건들에 대한 언론 보도 내용을 접하게 되면 경찰도, 기사를 작성한 기자도, 사건들을 접하는 대중도 대개는 사건 사고의 직접적인 원인을 그 사람이 앓고 있는 정신병 때문이라고 생각한다. 그러고는 거의 비슷하게 다음과 같은 반응을 보인다.

"정신병 환자를 저렇게 방치하면 어떡해?"
"저런 사람들은 가둬봐야 되는 거 아닌가?"

---

1 '정신질환 주요 특성, 공격성과 연관된 경우 드물어'(종합) '정신질환자, 폭력·위협적일 것이라는 인식은 그릇된 편견과 왜곡' — 경찰청 한국법심리학회, 분노·충동 범죄 대응방안 학술세미나(뉴스1, 2015. 5. 21)

"정신병자들이 활보하는 사회라니, 무서워서 살겠나?"

"빨리 약 먹이고 나을 때까지 지속적으로 제대로 치료를 해야지!"

위에 언급한 내용들을 보면 우리 사회가 정신병, 조현병, 분노 조절장애 등 다양한 이름으로 등장하는 정신질환자들에 대해 가지는 막연한 불안과 두려움을 알 수 있다. 특히 이런 표현에는 이들이 하루빨리 사회로부터 격리되어 '제대로 처리' 아니, 치료를 받기 바라는 마음이 담겨 있다. 만일, 당신이 그 '처리' 아니 치료의 대상이 된다고 상상을 해보면, 누군가 '정신병'이라고 이름을 붙이는 순간, 당신은 '사회로부터 격리되어야' 하거나 '약을 먹으면서 조용히 지내야' 한다.

앞에 인용하거나 소개한 뉴스 기사에 반복적으로 등장하는 단어가 있다. 바로 '조현병(schizophrenia)'이다. 이것은 어떤 병일까? 아니, 병이라고 할 수 있을까? 의학에서는 보통 병명을 붙일 때 어떤 신체 부위에 어떤 증상이 일어나는지를 웬만큼 짐작할 수 있게 한다. '우울하면' 우울증, '배가 아프면' 복통, 머리가 아프면 '두통', 위가 쓰리면 '위궤양' 등이다. 그런데 조현병의 경우는 병명에 얽힌 이야기가 조금 특이하다. '스키조프레니아(schizophrenia)'라는 영어 병명은 '찢어진 또는 깨어진 마음'을 뜻했는데 뜬금없이 언제부터인가 '조현병(調絃病, 현을 조절해야 하는 병)'으로 부르기 시작했다. 의학계에서는 "영어의 뜻을 그대로 번역한 '정신분열증'이라는 병명이 부정적인 인상을 주기에 좀 더 나은 뜻의 이름으로 바꾸었다"고 말한다. 정신 즉 '마음'과 관련된 병이라는 뜻이 나쁜 인상을 주기에 좀 더 나은 이름으로 바꾸어 부르기로 했다는 말은 바로 이 병은 '이름 붙이기'에 따라 '그 무엇'으로 만들어진다는 뜻이 아닐까? 보통 신체 부위나 증상을 나타내는 단어로 병의 이름을 부르는 규칙을 적용해보자면 이 병은 단순히 '악기의 현을 조율한다' 정도의 의미를 가진다. 마치 '엿장사 마음대로'라는 말처럼, 이 병은 의사가 '붙이기에 따라' 그냥 진단될 수 있는 무엇을 뜻하는지도 모른다. '조현병'이라는 병명은, 마치 이 병의 증상을 보이는 환자처럼, 자신의 증상을 잊어버린 병이 된 듯하다. 이제 이름만으로는 그 정체조차 알 수 없게 된 병, 대중과 언론에 대표적인 정신병으로 언급되는 이 병은 그러나 세균이나 바이러스 또는 신경계의 이상과 같은 신체의 변화에 의해 생겨난 병이 아니다. 이 병은 사람들이 자신의 마음을 잃어버리고, 자신의 삶의 주인이 되지 못하게 될 때, '자기 마음의 상실' 혹은 '관계의 문제'로 쉽게 표출하는 우리 삶의 아픔이다.

문제는 아픈 마음이야

'정신병' 하면 보통 우리는 '마음의 아픔'으로 힘들어 하는 사람이 앓고 있는 병이라고 막연히 생각한다. 그러고는 머리가 아플 때 진통제를 사 먹듯 약을 먹으면 괜찮아질 것으로 속단한다. 정말 정신병이 '마음의 문제'라면 아파하고 힘들어 하는 이들에게 필요한 것은 약 처방이 아니라 그들의 마음이 무엇이며, 그들의 아픔의 정체를 파악하여 해결할 수 있는 방법이 무엇인지 묻는 것이 옳지 않을까? 우울하면, 왜 우울한지 그리고 우울한 상황에서 벗어나려면 어떻게 해야 하는지, 마음이 찢어지고 깨어져 있으면 찢어지고 깨어진 마음이 무엇인지 파악해야 하는 게 우선 아닐까? 그럼에도 어떤 마음이든 그 상태를 살피기보다는 약으로 치료해야 한다고 무작정 이야기하게 된 이유는 무엇일까? 신체적 증상이 없는 병인데, 약은 도대체 어떤 마음에 어떤 효과로 작용하는지 누구도 묻지 않는다. 이것도 여의치 않으면 그 사람을 병원이라는 곳에 '격리'하거나 '수용해야 한다'는 생각을 자동적으로 한다. 분명 정신병은 마음의 아픔, 마음의 문제인데 그 아픔의 정체나 문제가 무엇인지 알려고 하기보다 마치 폐기물 처리하듯 사람들을 감금하고 격리하는 치료 방법을 더 선호하게 된 이유는 무엇일까?

대다수 사람들은 정신병 환자에 대한 언론보도를 접하면 그들이 누구인지, 왜 그런 일이 벌어졌는지에 대해 잘 알려 하지 않는다. 거의 무조건, 반사적으로, 그들을 사회로부터 영원히 격리시키면 더는 이런 문제가 일어나지 않을 거라고 쉽게 생각한다. 전문가나 의료진들은 이들의 마음을 고치는 치료 대신 병원에 격리하고 감금하려 든다. 분명 마음의 아픔이라고 인정했는데 왜 늘 몸에 영향을 미치는 '정신과 약물'을 지속적으로 투여해야 한다는 주장으로 결론을 맺는 것일까? 범죄자를 옹호하자는 것이 아니다. 인권이나 인간성 존중을 들먹이며 상투적인 주장을 할 생각도 없다. 나는 다만 조현병을 대하는 우리 사회의 일반적인 인식에 과오(過誤)가 없는지 제대로 확실하게 짚어보고 싶을 뿐이다. 그래야만 왜 우리 사회가 겉으로는 '그 병'에 걸린 사람을 치료하는 것처럼 보이지만 실제로는 '그 누군가'를 쓰레기 처리하듯 다루는지 그 원인을 알 수 있을 테니 말이다.

이 책을 집어 든 여러분의 생각은 어떤가? 이런 질문을 자신에게 던지는 순간에도 아마 여러분의 머릿속에는 '감금병동' 안에서 '소리 지르는 환자', '침대에 묶인 사람' 같은 영화 속의 몇몇 장면이 지나갈지도 모른다. 아니면, 코로나19 상황에서 집단 감염의 대표적인 환경으로 적나라하게 드러났던 청도의 정신요양병원 상황을 상상하게 될지도 모른다. 그런데 참 이상하다. 쓰레기조차 재활용 여부를 따져가며 더 잘 쓰기 위한 기술을 발전시키는데 그들은 대체 어떤 사람이기에 '폐기물처럼 처리해도 되는 사람들'이라고 간주되는 것일까?

최근 우리는 언론 보도를 통해 '조현병'이나 이와 유사한 정신병으로 진단받은 환자들이 벌인 범죄행동, 혹은 이로 인해 발생한 사건들에 대해 제법 많은 정보를 얻게 되었다. 지난 세기 사람들처럼 악마에 의한 희생자라는 생각을 하지는 않아도, 우리는 여전히 이유를 알 수 없이 이상한 행동을 하는 그들에게 여전히 두려움을 느낀다. '아무런 이유 없이' '무작정' '다짜고짜' '충동적'으로 '발작적으로' 일어나는 충격적인 범죄 소식이나 사건들은 평온한 일상을 꿈꾸는 많은 사람에게 두려움을 던져준다. 심지어 '내가 저런 끔찍한 피해를 입으면 어떡하지' 혹은 '아니, 저런 사람들은 빨리 이 사회로부터 격리시켜야 하는데'라는 생각을 먼저 하게 된다. 이 모든 게 한시라도 빨리 환자들을 잘 발견해서 어떤 불미스러운 일이 발생하기 전에 강제 입원을 시키고 약을 꾸준히 먹여야 한다는 믿음의 소산이다. 정신병 환자에 대한 우리 사회의 일반적인 인식 수준이다. 우리는 어떤 이유에서 조현병에 대해 이런 마음을 가지게 된 것일까?

사람은 누구나 살아가면서 몇 번쯤 인생 최악의 순간을 만나게 된다. 감당할 수 있는 것도 있고, 도저히 감당할 수 없는 순간도 있다. 마음의 아픔은 종종 주위 사람들이 보기에 이상한 말과 행동으로 나타나기도 한다. 따라서 그것을 어떤 종류의 '병'으로 볼 것인가, 아니면 그 사람의 '마음이 어디 잘못된 것인가?' 묻지 않을 수 없다. 정말 '병이 난' 걸까? 아니면, 그저 혼란스러운 심리 상황에서 어찌할 바를 모를 뿐인가?

몸의 병과 달리 마음의 아픔이 어떤 것인지에 대한 연구는 20세기 과학의 시대를 통해서도 큰 발전을 이루지 못했다. 21세기라고 해서 크게 달라진 것은 없다. 마음을 과학적으로 탐구하겠다는 거

창한 목표를 가지고 출발한 심리학도 이제 겨우 150년의 연구 역사를 가지고 있을 뿐 여전히 '마음'의 정체는 '마음의 존재 여부'와 함께 오리무중(伍里霧中)의 상태에 있다. 심지어 심리학이라는 학문 자체도 자신의 정체를 막연히 '인간의 생각과 행동을 과학적으로 연구하는 학문' 정도로 소박하게 표현할 뿐이다. 이런 상황에서 각 개인이 겪는 각기 다른 그 사람의 마음의 '아픔' '문제'를 구체적으로 파악하여 이것을 치료하고 해결한다는 일은 그 자체만으로도 엄청나게 복잡하고 어려운 일처럼 다가온다. 눈으로 볼 수도 없고, 어떤 감각으로도 느끼기도 힘든 마음을 어떻게 파악하고 해결할 수 있는가? 그런데, 그 마음이 병 들었다고 한다면, 도대체 그것을 어떻게 확인하고 치료할 수 있을까?

아직은 분명한 답이 없는 이런 질문을 던지면서 한편으로는 21세기 과학을 가장 잘 활용하고 있다는 의학의 한계를 확인하고 약간의 위안마저 얻는다. 바로 현대 의학이 아직도 '병', 또는 '병을 치료한다'는 것에 대해 나름의 명확한 개념 정의조차 하지 못한 상태에 있음을 확인했기 때문이다. 놀랍게도 21세기 현대 의학에서는 여전히 '병이란 무엇인가?' 또는 '무엇을 병이라 하며 또 그것을 어떻게 치료할 것인가?'와 같은 가장 기본적인 질문에 대해서도 제대로 된 답을 찾지 못하고 있다. 막연히 약이나 백신이라도 쓸 수 있다면, 병이라고 하는 어떤 증상에 대해 대응이라도 할 수 있다. 하지만, 어떤 신체의 아픔이나 증상에 대해 치료약이나 백신과 같은 대응책을 사용할 수 없다면 의료진은 무기력감을 느낄 수밖에 없다. 판데믹 현상으로 발전한 코로나19 바이러스 사태는 의료계가 처한 한계를 잘 보여준다. 이런 상황에서 역설적으로 심리학자는 우리 눈으로 보거나 만져볼 수 없는 마음의 아픔이나 마음의 병에 대해 어떤 한계나 안타까움을 무작정 느끼기보다는 아직 파악하지 못한 미지의 이슈에 대한 도전 의식을 더 느끼게 된다.

각 개인이 가진 마음의 아픔의 정체를 파악하고 치료하는 수준은 마치 중세 암흑기 사람들이 신을 생각하고 믿는 상황과 그리 다르지 않다. 정신과 의사들은 마치 조물주와 같은 신이 '이 세상에 빛이 있으라' 하듯이 누군가의 '정신병'을 진단한다. 그리고 마치 신이 인간에게 은총을 내리듯 정신병을 위한 약이라고 믿는 화공약품을 처방한다. 그 약이 뇌와 어떤 부위에, 어떤 신경계에 작용하는지, 그리고 어떤 신경전달물질로 작용하는지에 대해서는 막연한 가설 수준으로 언급할 뿐이다.

그런데 이때 약을 먹어 효과가 있다는 것은 '마치 코끼리도 잠들게 할 수 있다'는 방식이다. 일단 먹여놓고 그 약이 그 사람에게 어떤 효과를 야기하는지 살펴볼 뿐이다. 정신병을 위해 처방하는 그 약들이 정신병의 다양한 증상들에 어떻게 작용하는지 그 기전이나 기제조차 불명확하다. 아니, 누구도 확신하지 못하는 상황이다. 그래도 우리는 믿고 먹이거나 먹을 뿐이다. 다른 뾰족한 수가 없기 때문이다. 이것은 마치 인류가 오랫동안 몸의 병을 다룰 때 오직 신을 믿고 기도하면서 병의 증상이 사라지고 아픔에서 회복되기를 기대했던 마음과 같다. 그렇다고 마음을 연구한다는 심리학자가 특별한 처방책을 가진 것도 아니다. 단지 약에 의존하기보다 각기 다른 사람들의 마음을 조금 더 열심히 파악하려는 차이가 있을 뿐이다.

마음의 통증을 느끼는 지점은 제각각이다. 따라서 각 사람의 '아픈 마음의 정체'를 제대로 파악하기란 매우 까다로운 일임에 틀림없다. 보통 '누구의 마음이 아프다고 하든지 간에 당신의 마음이 아프다고 하니 그것에 대해 위로와 위안을 주겠어요'라고 이야기하게 되는 이유다. 마찬가지로 몸과 마음의 아픔을 다루는 전문가들 역시 자신의 전공 분야 안에서 역할을 다하면 그걸로 끝이라고 믿는 그런 상황이다.

인간의 마음이 하느님의 숨결이자 영혼이라고 믿었던 시기를 지나, 인간의 마음은 하느님과 분리되었다고 믿었던 시기, 그리고 인간 스스로 자신의 마음을 관리하고 통제할 수 있다고 확신했던 시기까지 우리는 분명 마음에 대한 인식에 있어 많은 변화를 겪어 왔다. 하지만, 21세기 한국에서는 조현병으로 대표되는, 마음의 아픔을 겪는 이들을 마치 중세와 근대 초기에 이들을 화형에 처했던 것과 유사하게, 여전히 약물로 이들의 아픈 마음을 폐기 처분하고 있다. 바로 이 지점이 내가 이 책을 쓰게 된 이유다.

세션 1

그리고, 아무도 묻지 않았다

: 어떤 젊은이의 만들어진 병

그때, 왜 그랬니?

2019년 어느 날, 한 어머님이 자신의 아들과 함께 상담을 요청했다. 몸무게가 족히 100킬로그램이 넘어 보이는 거구의 20대 중반 아들은 조현병 환자로 4년 반 동안 치료를 받아왔다고 했다. 생기를 잃어버린 공허한 눈빛을 한, 마치 가면을 쓴 것처럼 표정이 사라진 회색빛 얼굴의 젊은이였다. 자주 깜박이는 눈, 날름거리며 입맛을 다시는 듯한 혀, 뭔가를 씹을 때처럼 움직이는 턱 등의 미세한 움직임으로 바쁜 얼굴만이 기묘한 눈빛과 대조(contrast)를 이루고 있었다. 그는 자신의 힘들었던 과거를 이야기하는 동안에도 감정이 잘 느껴지지 않는지 눈빛은 여전히 초점을 잃은 듯 멍했고, 눈꺼풀도 처져 있었다. 졸린 사람이 읊조리듯 어눌하고 단조로운(monotonous) 말투로 이야기하면서 계속 주위를 두리번거렸고, 킁킁 소리를 내기도 했다. 몸을 좌우로 뒤틀며 의자를 들썩이다 상담을 녹화하는 카메라를 쳐다보기도 했다. 때로 이야기하는 엄마를 멍하게 바라보다 자리에서 일어나 상담실 안을 돌아다니기도 했다. 이런 행동들이 모두 그가 조현병 환자로 진단받을 수 있음을 확인시켜주는 것들이다.

젊은이는 어떻게 하여 이런 병이라고 진단을 받게 되었을까? 아니, 언제부터 이런 증상을 보이게 되었을까? 어머니는 아들이 조현병이 아니라고 믿고 싶어 하는 듯했다. 이미 진단과 치료가 이뤄지고 있는 상태였지만 이들 모자는 현재 겪고 있는 병이 정말 '조현병'인지 확실히 알고 싶다고 했다. 어머니는 지난 4년 반 동안 아들을 위해 안 해본 것이 없다고 했다. 심리상담, 심리교육, 한방치료, 운동치료, 폐쇄병동 입원, 재활센터 입소, 요양원 생활 등등 좋다고 하는 것은 거의 모두 시도해보았다고 한다.

당연히 약도 복용하기 시작했다고 한다. 병원에서 처음으로 아들에게 조현병이라는 진단을 내렸을 때부터다. 하지만, 약을 먹기 시작하면서 아이가 힘들어 하고 더욱더 멍한 채로 사람들과 만나지 않으려고 했다고 한다. 나는 그 과정을 좀 더 자세하게 설명해달라고 했다. 어머니의 말에 따르면, 아들이 약을 복용하는데도 여전히 초점을 잃어버린 눈빛, 멍한 얼굴, 그리고 무엇보다 외부 사람들과의 만남을 비롯하여 일상생활을 거의 하지 못하는 절망적인 상태를 계속 보였다고 했다. 약을 복용했지만 아이의 상태가 더 이상 좋아질 수 없다는 것을 알게 되어 한동안 약을 끊기도 했다고 한다. 하지만 조현병을 겪고 있는 사람이라면 약 복용 이외에 다른 방법이 없다는 조언과 충고들이 너무나 강력했기에 어머니는 절망스러운 마음으로 아들에게 계속 약을 먹이고 있었다. 그러면서 어머니는 아들이 약을 먹지 않고 이 병을 치료할 수 있는 방법은 정말 없는 것인지 계속 질문했다. 약을 먹으면 병이 좀 나아지기라도 해야 하는데, 점점 아이 상태가 더 나빠지기만 하는 것 같으니 정말 어떻게 해야 할지 모르겠다며 답답한 마음을 토로했다.

    박사님, 우리 아이 정말 조현병인가요? 아니면, 약 안 먹어도 되지 않을까요?

    우리는 몸이 아프거나 병이라는 진단을 받으면, 그 병을 치료하기 위해 약을 먹는다. 의사가 병을 진단하고 약을 처방해주면 너무나 안심이 되고 반가운 마음까지 드는 이유는 약이 병을 치료한다는 믿음이 있기 때문이다. 그런데, 어머니는 이러한 진단과 약 처방까지 모두 이뤄진 아들을 두고 계속 묻는다.

    조현병이 맞나요?
    약을 계속 먹어야 한다는데, 정말 그렇게 해야 하나요?

    아이가 병을 가졌다는 것을 부정하고 싶은 마음이야 이해할 수 있다. 그런데, 어떻게 병을 치료한다는 약을 어머니는 이렇게 거부하게 된 것일까? 어머니의 이야기는 다음과 같이 계속되었다.

조현병이라고 진단을 받는데, 계속 약을 먹으래요. 그러면, 약을 먹으면서 차츰 병이 나아져야 하잖아요? 차도가 있어야 하는 거 아닌가요?

(중략)

우리 아이가 약을 먹게 되면서, 더 분명하고 확실한 조현병 환자가 된 것 같아요. 처음에는 이렇게 멍한 표정, 초점을 잃은 눈빛, 그 정도는 아니었거든요. 그냥, 조금 이상하다는 소리를 듣거나 이상한 짓을 해서 모두를 놀라게 하는 정도였는데. 아니, 벌써 4년이나 약을 먹었으면, 병이 진즉 나았어야 하는 것 아닌가요? 무슨 약이 음식도 아닌데 계속 먹으라는 게 말이 되나요?

그렇다. 약은 '병'이라는 환자의 증상을 없앨 뿐 아니라 병을 낫게 해주어야 한다. 그런데, 낫기는커녕 점점 더 증세가 심해지는데 왜 약을 계속 먹어야 하는 걸까? 어머니는 애타는 마음에 나에게 계속 묻기만 했다. "언제까지 약을 먹어야 하나요? 먹으면 좀 나아져야 하잖아요. 그런데, 더 심해지는 것 같은데 어떡해요?" 하고 말이다. 조현병이라고 진단받은 사람들에게 처방되는 약은 언제까지 먹어야 병이 나을 수 있는 걸까? 계속 먹어야 한다고 했다면, 그것은 약이 아니라 음식이라 해야 할 것이다. 그 병이 도대체 무엇이기에 음식처럼 약을 계속 먹어야 한다는 것일까?

이 어머니의 아들은 정말 '조현병 환자'일까? 이렇게 질문하는

데엔 이유가 있다. 어머니에게 정신과 의사는 아들의 조현병이 '뇌신경 회로'의 이상 또는 '신경전달물질의 문제' 때문에 발생한 것이라 했다고 한다. 그런데 이 청년에게는 그런 원인을 확인시켜주는 MRI 결과나 CT 결과 또는 기타 심리검사 등을 통해 확인할 수 있는 기록들이 전혀 없었다. 이 어머니에게 아들의 상태에 대해 어떻게 이야기해야 할지 잠시 망설여졌다. 무엇보다 아들이 보이는 증상들이 조현병이 아닌데 어떻게 해서 그가 조현병이라는 진단을 받게 되었는지부터 확인해야 했다. 그래서 언제부터 아들에게 병의 '증상'이라는 것이 나타났는지 물어보았다. 그러고 나서 긴 상담이 시작되었다. 지난 5년 동안, 아니 그 이전부터 아이의 마음이 어떻게 바뀌었는지를 이해하기 위한 상담이었다.

자신의 이야기에 귀를 기울여주는 사람이 있다는 사실이 반가웠는지 어머니와 아들은 그동안 겪었던 자신들의 다양한 상담과 치료 이야기를 털어놓았다. 가족과 친지는 물론 방문했던 병원에 관한 무수한 이야기를 끝내고 떠나면서, 어머니는 무척 고마워했다. 아이가 지금까지 저렇게 많은 이야기를 한 것을 당신도 처음 본다며 신기해했다. 그날 젊은이는 자신이 겪었던 마음의 상태, 어려움을 이렇게 이야기했다.

그…… 터널 같은 곳 지날 때…… 안 좋은 조형물 같은 게 보이던가. 그때 나이가 23~24세경이었던 것 같아요. 터널 지나갈 때 뭔가가 보인다든지 하는 거 말고, 또 갑자기 눈이 돌아간다거나, 잠시 가만히 앉아 있기도 힘들었어요.

(중략)

그냥, 심리 상태는 너무나 긴장하고 힘들고 각박했어요. 왠지, 그냥 가만히 있어도 답답했고요. 누구와도 말이 통하지 않았어요. 그리고 스스로가 너무 힘들다는 생각이 들었고요. 그냥, 스스로 갇혀 있었어요. 누구도 안 만나려고 했고요. 집에만 있으려고 했고, 공부도 손에 잡히지 않았고요. 일상생활이 늘 그랬어요.

(중략)

대학교 때 혼자 있었어요. 그때 자취를 했거든요. 혼자서 지냈는데, 너무 다른 사람도 만나고 싶었지만, 만나면 재미가 없고. 그리고 혼자 있는 시간이 저절로 이유 없이 점점 많아지고…… 약간 무기력감이 있고, 뭔가 내가 해도 별로 의욕도 없고, 하고 싶은 생각도 없는 그런 생활을 했어요. 그냥 조용하게 집에만 있고 싶은 그런 상태로 지냈다는 게 거의 맞아요. 나도 모르겠다…… 나도 모르겠다…….

(중략)

사람들과 두루두루 정말 다 친하게 지냈는데, 그냥 마음이 허한 느낌. 저도 모르겠어요, 왜 그런지 모르겠어요. 그냥 혼자 있고 싶어요. 뭐 그랬던 것 같아요.

한편 어머니는 당시 아들의 상태를 이렇게 요약해주었다.

아이가 계속 잠만 잤어요. 밤낮이 바뀌어 있었어요. 사회생활도 거의 못했어요. 그런 모습을 보니 정말 답답하고 걱정되긴 했지만, 저는 아이가 그렇게 지내도 큰 문제는 없다고 생각했습니다. 그런데 주위 사람들은 저러다 애 버린다, 왜 애를 병원에 데리고 가지 않느냐 하면서 도리어 더 많이 걱정하더라고요.

그 청년은 자기가 뭘 해야 하는지 스스로 생각하고 결정하지 못하는 상황에 있었다. 일상의 생활을 하면서 자신의 시간을 분배하는 등 누구나 다 하는 듯한 생활을 꾸려나가지 못했다고 한다. 늘 혼자 지냈고, 주위 사람들과 떨어져 고립된 듯 생활했다. 무엇보다 자신의 무기력하고 고립된 생활을 바꾸려고도 하지 않았다. 밖으로 나가지도 않았고, 뭔가를 해야겠다거나 누구를 만나려는 마음도 별로 없는 것처럼 보였다. 어머니는 아들의 상태에 대해 '이상하다' '불안하다'고 여기게 되었다. 하지만 이 상황을 타개하고자 적극적으로 나서지는 않았다고 했다. 그저 마음속으로 '아니겠지' '최악의 상황은 오지 않겠지' 하면서 아들을 그냥 지켜볼 수밖에 없었다고 한다.

그러던 중, 더는 방치할 수 없다고 결심하게 된 사건이 터졌다. 옆집 아이가 청년에게 뭐라고 안 좋은 이야기를 했는데 그 내용이 자기가 하지 않은 이야기였다는 것이다. 이에 화가 난 청년은 아이에게 마구 화를 내면서 몸을 잡고 흔들었다고 했다. 그런데 더 큰 문제는 청년의 행동이 여기서 그치지 않았다는 점이다. 아이가 겁에 질려 집으로 들어가자 청년이 따라가 문을 열라고 계속 소리치면서 심하게 두드렸다는 것이다. 어머니의 이야기를 들어보자.

아주 공격적이었어요. 옆집 아이가 본인한테 욕을 했다면서 막 화를 냈어요. 그때 집에 혼자 있었다고 해요. 왜 그런 행동을 했냐고 물었더니, 자기가 아버지랑 싸우려고 나왔는데 정작 아버지는 보이지 않고 옆집 아이만 보이더래요. 그래서 한바탕 소동을 벌였나 봐요.

(중략)

그즈음 제 아들은 남편이랑 사이가 안 좋았어요. 당연히 감정도 별로였지요. 종종 아빠하고 한번 싸워서 풀고 싶다는 얘기를 했거든요. 마침 그날 집에 있던 애 아빠를 보고 뭔가 시도해보려던 참이었는데⋯⋯. 애가 갑자기 언성을 높이고 그러니까 (아빠) 딴에는 말리려고 하다가 그냥 나가버린 거고요. 애는 또 끝장을 보겠다며 따라 나섰다가 뭣도 모르는 옆집 애한테 폭발해버린 거죠. 옆집 애는 놀라서 자기 집으로 들어갔고, 우리 애는 계속 문을 두드리고. 연락을 받고 집으로 오니 이미 상황은 종료되었더군요.

(중략)

저희 애는 혼자서 거실 가운데를 빙빙 돌고 있더라고요. 그래서 잠시 기다리다가 '너 밥 먹었니' 하고 물었어요. 그랬더니 아이가 '밥을 안 먹어서 배고프다'고 하더라고요. 뭐 먹고 싶냐고 했더니 스테이크가 먹고 싶다는 거예요. 얼른 밥을 차려줬죠. 밥을 먹고 나더니 정말로 좀 차분해지더라고요.

(중략)

그때 아이가 자기는 정말로 화가 났었다고 했어요. 저는 그냥 '그랬니? 그랬니?' 하면서 아무렇지 않은 듯 대응했어요. 하지만 아파트 단지에서는 이미 우리 아들을 두고 이상하다며 수군거린 지오래되었고, 그런 마당에 어린애를 대상으로 사건이 터졌으니 분위기도 험악했어요. 더 데리고 있을 수 없었어요. 그래서 서울에서 혼자 살고 있던 할머니 집으로 애를 보냈습니다.

도저히 집에 아들을 둘 수 없었기에 멀리 떨어진 할머니 곁으로 아이를 보냈다는 것이다. 당시 상황에 대해 어머니는 이렇게 이야기했다.

아이가 서울 할머니 집에 한두 달 같이 있었어요. 매일 같이 지내다 보니 할머니도 점점 지치셨던 것 같아요. 애는 애대로 그 생활이 너무 심심하니까…… 먹고 자고 하는 것 외에는 아무것도 안했으니 그때부터 살이 더 찌기 시작했던 것 같아요. 살이 찌기 시작하면서 한두 달쯤 됐을 때인가? 애가 갑자기 할머니를 폭행했어요. 집에 있는 물건들 다 부수고요. 가족들 모두 아이를 병원에 입원시켜야 한다고 입을 모았어요. 그런데 지나 놓고 생각해보니, 그때 아이한테 할머니에게 왜 그랬는지 묻지 않았더라고요. 너무나 놀라운 짓을 했으니 모두들 야단치기에만 바빴죠. 애는 자기가 무슨 짓을 한 건가 하는 얼굴로 완전히 기가 죽었고요.

어머니는 몇 년이 지나서야 아들에게 "그때 왜 그랬니" 하고 물었다. 청년은 당시 상황을 한마디로 정리해주었다.

할머니가 갑자기 내가 보고 있던 TV를 확 끄잖아!

사람들이 날더러 조현병 환자라고 하네

이제부터 우리는 다음에 소개하는 상담 기록을 함께 보면서 K 군이 조현병으로 진단받게 된 과정을 살펴볼 것이다.

어머니   병원 가기 전에 심리검사를 계속했어요.

황   어떤 심리검사죠?

어머니   심리센터에 가서 받았는데 아무 이상이 없다고 나왔어요.

황   그렇겠지요.

어머니   가는 곳마다 아무 이상이 없다고 하는데, 애는 계속 이상한 행동을 보이는 거예요.

황   그 이상한 행동이란 게 어떤 거죠?

어머니   밤낮이 바뀌고, 잘 때 눈을 콕콕 찌르고.

황   (어머니에게) 잠깐만요, 눈을 콕콕 찌른다는 건 안 자려고 하는 건가요? 아, 그건 본인이 불안하니까 그래요. 본인이 혼자 있는 거 자체에 대해서 뭔가 자기도 모르게 걱정되는 상황이거든요. 그래서 누군가와 이야기하거나 해야 된다고 생각하지만 막상 본인은 무슨 이야기를 해야 될지 모르는 상황이죠.

어머니　횡설수설하니까 무슨 얘기인지 모르겠고.

황　그런데 심리센터에서 상담하는 분이 지금 K씨(아들 청년)한테 제가 묻듯이 이런 거 물어보았나요? 그 상황에 대해서 이야기하지 않던가요?

어머니　그런 것은 안 물었고요, 가자마자 질문지 있잖아요 그거 내밀면서 체크하라고 했어요. 아무런 이상이 없다고 나왔고요.

황　그럼요, 그럴 겁니다.

어머니　그러는 사이 시간은 계속 흐르고 아이는 점점 더 이상해지고.

심리검사에서는 분명 문제가 없다고 결과가 나왔다는데, 병원에서는 도대체 어떤 근거로 K씨를 조현병으로 진단하고, 그 결과에 따라 약으로 치료하기 시작한 걸까? 다음은 청년과 그의 어머니를 상담한 내용 일부다.

황　본인이 처음으로 조현병 약을 먹었을 때가 언젠지 기억나세요? 자료를 보니 S병원에서 먹었던 것 같은데, S병원에서 조현병이라고 진단받고 약을 받았죠? 혹시 몇 년 몇 월인지 기억하세요?

K　2015년 9월입니다.

황　2015년 9월에 처음으로 S병원에서 약을 받았던 것 같아요?

본인이 기억하고 있는 걸 먼저 이야기해주세요. 2015년 9월
쯤 처음 병원에 갔어요?

K　　입원했던 게 거기 맞아요.

황　　입원을 했어요? 어떻게 해서 입원하게 되었는지 이야기해볼
래요?

K　　기억이 잘 안 나요.

황　　입원한 건 기억이 나는데 왜 어떻게 입원까지 하게 됐는지는
기억이 안 나죠? 어머니, 혹시 기억나세요?

어머니　　2014년도에 지역 병원을 가기 시작했고.

황　　어떤 상황에서 K씨를 데리고 가게 되었나요?

어머니　　상담을 계속해도 아무 문제가 없다고 하니까 그럼 정신과 쪽
에 문제가 있겠구나 하고. 8개월 후쯤 정신과로 가게 된 거죠.

황　　그때 K씨가 생활하는 데 어떤 어려움이 있거나 이상한 행동
을 보여서 정신과를 간 거예요, 아니면? 어머님께서는 어떤
이유로 K씨한테 뭔가 문제가 있다고 생각하셨나요?

어머니　　주위에서 빨리 병원에 데려가라고 했습니다.

황　　왜요?

어머니　　계속 잠만 자지, 밤낮이 바뀌어 있지, 사회생활 못하지……
뭐 이런 것들을 보고서.

황　　그렇군요.

어머니　　저는 병원 안 가려고 처음에 심리 상담을 갔는데. (……) 동
네에 있는 곳 한 번 가봤고, 가다가 나중에 또 서울로 왔어

요. 근데 이상이 없으니 주위 사람들이 애 버린다 왜 애만 끌고 다니냐 이렇게 된 거죠.

황 이상이 없지는 않아요. 가장 큰 문제는 자기 생활 관리를 못하는 겁니다. 생활 관리를 한다는 것은 우리가 유치원생이든 초등학생이든 고등학생이든 아침에 일어나서 학교에 가고, 학교에서 정해진 일과를 따라서 매일 시간을 보내잖아요? 그런 걸 말하지요. 한데 K씨는 학교를 가지 않으니 스스로 '내가 뭘 해야 된다'는 것들을 정해서 거기에 맞춰 움직이는 생활을 해야 하는데, 그게 안 되는 겁니다. 보통 '어른이 되었다'고 이야기하는 생활을 스스로 못 하는 상황이니, 그게 문제라고 할 수 있어요. 그걸 보고 주위에서는 자폐 성향이 강하다, 혼자 있거나 고립되어 있다고 판단하는 거죠. 그런데 본인은 정작 크게 문제를 못 느낍니다. 이럴 때는 상담하는 사람이 K씨한테 "그렇게 지내는 거 힘드세요? 답답하진 않아요? 답답하다면 바꾸고 싶지 않나요?" 하고 물어보는 게 좋아요. 현재 생활이나 행동을 바꾸고 싶은 마음이 얼마나 있는지, 바꾸려는 의지가 있는지, 그걸 바꾸려면 어떻게 해야 되는지를 알아두는 것이 최소한 전문 교육과 훈련을 받은 사람이 가장 먼저 해야 할 활동입니다. K씨의 상담에서 이 부분이 빠졌네요.

어머니 다른 곳으로 바꿨는데, 거기서도 아무 이상이 없는 거로만 나왔어요.

황	검사해봤자 아무 이상이 없을 겁니다. 그 검사 자체가 K씨가 가지고 있는 문제를 탐색해내는 게 아니거든요. 자, 어떤 일이 있었는지 말씀해주시겠어요?
어머니	맨 처음에는 아파트 통로에서 얘는 집에 들어가려고 했는데……
K	엘리베이터 타고 내려가려고 했어.
어머니	위층 애가 지나가면서 얘한테 뭐라고 얘기했대요. 얘는 그걸 정확하게 들었다고 하고, 그 아이는 안 했다고 하고. 그러다가 얘가 그 집에 올라가서 걔한테 때리겠다고 잡고 막 흔드는 그런…… 감정을 폭발하는 행동을 보인 겁니다.
황	그때 진짜 열 받았죠, 그죠?
K	어떻게 알았어요?
황	본인과 같은 특성을 가진 친구들이 전형적으로 보여주는 반응이에요. 너무 화가 나고, 도저히 참을 수가 없지요. 왜냐하면 그 애가 본인한테 어떤 욕을 하거나 아주 안 좋은 소리를 했다고 (본인이) 생각했을 거예요. 실제로 그 아이가 욕을 했을 겁니다. 보통 상태에서 그냥 한 귀로 듣고 한 귀로 흘릴 수 있는 이야긴데 지금 K씨 같은 경우엔 그게 발작적인 행동을 촉발한 거죠. 그 일 때문에 병원을?
어머니	아니에요. 당시 저는 출근한 상황이어서 집에 없었고, 친정어머니가 저한테 전화해주셨어요. 제가 도착하기까지 한 30~40분 걸렸는데, 그 와중에 아파트 통로에서 난리가 난

거예요.

황 그때 K씨는 누가 돌보고 있었나요?

어머니 혼자 집에 있었죠, 혼자 집에 있었는데…….

K 아버지랑 싸우려고.

황 누가 아버지랑 싸워요?

K 제가 아버지랑 싸우려고 엘리베이터 타고 내려가고 있었거든요.

황 왜 싸워요?

어머니 아버지하고 감정이 안 좋았는데, 얘가 나는 아빠하고 한 번 싸워서 풀고 싶다는 얘기를 계속해서 했어요. 그러면서 '내가 풀 수 있는 방법은 아빠 우리 한 번 맞짱뜨자' 하는 방법밖에 없다고…….

황 K씨는 고등학교 2~3학년 정도의 지적 수준인데 지금 더 낮은 수준에서 문제를 해결하려고 한 겁니다. 다른 사람들도 실은 마찬가지예요. 갈등 상황에 처하거나 타인과의 관계가 안 좋아지면 평상시보다 훨씬 수준 낮게 대처하는 모습을 보게 되는데요. 그건 마치 초등학생들이 '쟤랑 나랑 사이가 안 좋아. 차라리 영화에 나오는 것처럼 직접 부딪혀 싸운 다음 어깨동무하고 푸는 게 좋겠어.' 뭐 이런 식으로 생각하는 것과 비슷합니다. 지금 아버지한테 그렇게 해소하려고 했던 거죠. 아마 K씨가 그동안 영화를 보거나 드라마를 보면서 머릿속에 쌓아둔 모습일 겁니다. 아주 전형적인 도식이에요. 문제는 영화나 드라마에서 그렇게 하면 괜히 우쭐해 보이고 상당히 드라마틱해 보이는데 실제 상황에서는 거의 또라이처럼 보인다는 겁니다. K씨도 그렇다는 거 알죠? 그래서 그날 아빠랑 맞짱 뜨는 대신 이웃집 아이랑 맞짱 뜨는 상황이 벌어진 거잖아요!

어머니   그 와중에 얘가 언성을 높이고 하니까 아버지는 말리려고 하다가 도망간 거고, 그러니까 얘는 또 계속 문을 두드리고 있었던 상황이고. 저는 그 와중에 오고 있었던 건데, 막상 와보니 상황은 이미 종료되고 얘는 거실 가운데서 빙빙 돌고 있더라고요.

황   너무 분해서, 그걸 참을 수 없어서 그런 거죠. 어쨌든 화를 삭여야 하니까요.

어머니   집에 있으면 안 되겠다 싶어서 그냥 데리고 나왔어요.

황   정말 잘하셨어요.

어머니   차에 태워서 아무 소리 안 하고 한 바퀴 돈 다음에 "너 밥 먹었니" 물었더니 밥을 안 먹어서 배고프다 그래요. 뭐 먹고 싶은 거 있냐고 했더니 스테이크가 먹고 싶다더라고요. 정말로 밥을 먹고 나더니 좀 차분해졌어요. 그러고는 당시 상황을 다시 설명해주더군요. 자기는 정말 화가 났었다고. "그랬니? 그랬구나!" 하면서 애 이야기를 들었는데 이제 걱정이 집에 갈 상황이 아니라는 데 미친 거예요. 하는 수 없이 할머니 집으로 보냈어요. 한두 달 같이 있어 보라고요.

황	병원에 처음 입원하게 된 건 언제예요? 그 상황을 좀 얘기해 주세요.
어머니	그 뒤로 한 달쯤 지났나? 할머니도 지치고 애는 또 그 생활이 너무 심심하고.
황	진짜 힘들었겠어요. 할머니는 K씨 열심히 보살펴줬는데……. 할머니께서 혹시 잔소리를 많이 하셨나요?
K	아뇨.
황	그때 본인이 아침 몇 시에 일어나서 어떻게 생활했는지 기억나요?
K	먹고 자고.
황	먹고 자고 하는 것 외에는 아무것도 안 했어요?
K	할머니랑 시장 갔다 오고.
어머니	시장 갔다 오고, 마포대교 갔다 오고, 등산 가고.
K	파고다 학원에 다녔어요.
황	거기 영어 배우러 갔어요?
K	아, 거기 그냥 왔다 갔다.
황	그때쯤 살이 찌기 시작했나요?
어머니	네, 그때부터 찌기 시작했어요. 찌기 시작하면서 한두 달 됐을 때 갑자기 할머니를 폭행한 거예요. 집에 있는 물건 다 부수고 저한테 연락이 왔어요.
황	그게 흔히 발작적 증세라고 이야기하는 행동이 나타난 건데, K씨 스스로도 어떻게 할 수 없는 그런 상황에 처한 거예요.

본인은 그래도 착하게 지내려고 노력했는데……. 당시 할머니를 때리거나 물건을 부수기 시작한 건 할머니가 본인을 뭔가로 자극했기 때문인 거죠?

K   네.

황   그게 뭐죠?

K   할머니가 갑자기 보고 있던 TV를 확 끄는 거예요.

황   집에서 게임하고 있는데 엄마가 갑자기 들어와서 게임하지 말라면서 스위치를 끄는 그런 상황인 거네요. 그러면 애가 발작적으로 엄마를 때리기도 하고 그러는데, 그거랑 똑같은 행동입니다.

어머니   그래서 제가 얼른 올라와보니 저한테도 폭행을 하더라고요. 너무 놀라서…….

황   그때 다짜고짜 엄마를 보고 때린 건가요?

K   엄마가 무슨 말을 했어요.

어머니   저는 기억이 안 나요.

황   그냥 폭행했다는 것 때문에 K씨가 '이유 없이 엄마를 때렸다'고 생각하셨을 겁니다. K씨는 할머니를 폭행하고 속으로 엄청나게 자책하고 있는 상황인데 엄마까지 와서 뭐라고 그러니까 본인이 또 발작적인 행동을 하게 된 거죠.

상담 내용으로 미루어 K씨가 처음 조현병으로 진단받은 계기는 살고 있던 아파트 엘리베이터에서 보인 발작적인 행동과 할머니에게 보인 폭력적 행동이라고 할 수 있다. 섬세하고 예민한 사람이 불안한 마음 상태에서 울컥하고 보일 수 있는 일종의 '욱 하는 행동' '감정적 폭발' 같은 행동 탓이었다. 이런 발작적인 행동은 '예민하고 섬세한 성향의 사람'들이 일상생활 관리를 잘하지 못하고, 사회생활이나 인간관계에서 비롯되는 지속적인 스트레스와 어려움을 겪으면서 피해의식을 심각하게 느끼거나 스스로 왕따가 되기를 자처할 때 흔히 나타난다.

겉으로 보이는 폭력적인 성향의 '분출'과 달리 당사자들은 '답답하다' '갇혀 있다' '억울하다'고 느낀다. '자신이 누군가로부터 피해를 당하고 있다'와 같은 불안이나 자책, 두려움을 느끼기도 한다.

어머니 식구들이 다 모였을 때 안 되겠다, 할머니한테까지 그러니까 더는 안 된다…… 이렇게 해서 S병원에 간 거죠.

황 S병원에서는 뭐라고 해요? 거기서도 아드님한테 똑같이 심리검사를 받게 했지요?

어머니 저도 하고 본인도 하고. 그런데 가자마자 폐쇄병동으로 갔어요.

황 왜 가자마자 폐쇄병동에 넣었는지 아세요?

어머니 병원 수가가 높은가요?

황 엄마하고 할머니를 때렸다고 보고했을 테니까요.

어머니 그랬겠죠. 그때가 제일 힘들었어요. 왜 폐쇄병동을 꼭 가야 되는 건지……. 일주일 동안 만나지도 말라 그러죠. 나중에 들어보니 자기는 거기서 숨을 쉴 수가 없어서 손바닥만 한 창문에다 코를 박고 겨우 숨을 쉬었다고 하질 않나, 묶어 놨다고도 하고. 좋은 병원이라 해서 데려갔는데 그런 거예요. 저는 아무런 손쓸 방법이 없었고요.

황 왜 그러냐면 첫 번째 폐쇄병동으로 바로 입원시킨 이유는 할머니랑 엄마를 폭행했다는 것과 이전에 상담 받은 내용도 작용했을 거고, 그리고 S병원 의사한테도 이전에 동네 정신과 병원에 갔을 때 한 얘기, K씨가 터널 지나갈 때 뭐가 보이고 또 뭔 소리가 들리고 그랬다는 그 이야기, 다 했지요?

K 네, 했던 것 같아요.

황 그리고 본인이 잠을 못 자고 또 완전히 낮밤이 바뀐 생활을 하고, 동네 애하고 그렇게 싸우고, 아빠한테 맞짱 뜨려고 했던 거…… 이런 이야기를 다 했을 거 아녜요? 그러면 동네 정신과 의사는 조현병이라고 진단을 내려줬을 거고, 그 진단 기록이 상급 병원인 S병원에 전달되었을 거고, 거기서는 폐쇄병동에 입원시키는 게 본인들이 할 수 있는 최고의 치료 행위라고 생각해서 입원시켰을 겁니다. 그게 대한민국 의료 수준입니다.

대한민국 최고의 의료진이 모였다고 자부하는 S병원에서 조현병 진단을 이렇게나 쉽게 내리다니, 무엇인가 단단히 잘못된 것 아닐까? 최소한 MRI나 CT촬영 같은 첨단 기계 검사도 없이 동네 병원 소견서와 상담 기록만 가지고 환자를 조현병으로 진단하다니, 뭔가 이상하다. 사실 조금만 생각해도 너무나 어처구니없는 상황이라 생각할 수 있다. 하지만 그 어머니와 아들을 상담할 때만 해도 이런 일 자체를 그다지 이상하게 생각하지 않는 분위기였다. 왜냐하면, 지역 개인병원에서든 대학병원에서든 정신과 의사가 조현병이나 다른 정신병을 진단할 때, 이런 검사 결과들을 근거로 면밀하게 환자의 증상을 파악하고 또 이것으로 병의 진단 근거로 삼는 경우가 실제로 거의 없었기 때문이다. 하지만 대다수의 정신과 전문의들은 "정신병 진단은 의사의 '전문성과 경험' 그리고 환자와 보호자의 보고 등을 종합하여 판단하는 '고도로 복합적인 전문행위'"라고 말한다. 이런 표현은 사실 어이없이 우리가 겪어야 하는 현상을 잘 포장하여 완곡하게 진실을 드러내준다. 바로 "내가 그대에게 명하노니, 그대는 나의 판단에 의해 이런 병이라 할 수 있다"는 놀라운 행위이다. 성경의 창세기를 보면 하느님이 "빛이 있어라"고 하자 세상에 빛이 생겼다는 대목이 나온다. 이 같은 창조설화와 유사한 일들이 '정신병' 전문의들의 진단 과정에서 일어난다.

K씨 이야기를 들어보니, 환자가 의사에게 '환각'이나 '환청', 그리고 '폭력성 관련' 언급을 하면 그 즉시 폐쇄병동 입원과 약물 투여가 확실한 치료법이라고 그냥 받아들이는 상황인 것으로 보인다. 팔이나 다리가 아프다고 하면 그것이 무엇인지도 알아보지 않은 채대개 '수술하자'고 권하는 진단, 치료법과 유사한 듯하다.

황   제가 지금까지 들어본 K씨 상황에 대해서 이야기를 하자면
        요. K씨는 우선 적극적으로 사람들하고 잘 지내는 그런 상황
        이 아닙니다. 심리적인 특성을 살펴보면 '로맨티시스트에 매
        뉴얼적인 특성이 뚜렷하게 나타나는 심리'라고 이야기할 수
        있어요. 이 친구는 상당히 예민하고 섬세하고 또 어떻게 보
        면 참 착한 아이였을 겁니다. 자라면서 누구랑 싸우거나 다
        른 사람을 괴롭히거나 그런 일이 별로 없었을 거예요.

어머니   거의 한 번도 없었어요.

황   진짜 얌전하고 혼자 지내는 것도 좋아하는 아이였을 거예요.
        이 아이가 자라서 키가 1미터 80센티미터가 되고 덩치가 커
        져도 어머니는 '덩치에 비해서 참 순한 애'라고 생각하고 키
        웠을 겁니다. 그게 무슨 큰 문제가 된다고 생각하지 않으셨
        을 테죠.

'로맨티시스트에 매뉴얼적인 성향'이란 무엇일까? 이 개념은
WPI 심리검사에서 사용하는 용어로 어떤 사람의 마음의 성향을 나
타내는 것이다. 로맨티시스트 성향의 사람들은 '감성적이고 예민하
며 섬세한' 성격이고, 매뉴얼 성향이라는 것은 그들이 가진 '보통의
경우라면 이래야 한다' '사회적 통념과 룰을 꼭 지켜야 한다'는 고
정적인 틀 속에 자신을 가두면서 강박적인 생활을 하려는 특성을
나타낸다. 어찌 보면 착하지만 답답한 사람처럼 보이기도 한다.

이런 성향의 사람은 표현을 자연스럽게 하지 못해서 마음속에 억울함이나 스스로 표현하지 못한 감정 등을 응어리처럼 쌓아두게 되는데, 그 결과 본인이 가지고 있는 불안과 두려움, 좌절감 등을 해결하지 못하게 되어 생활 전반을 자극하거나 리듬을 방해하는 스트레스에 시달리게 된다. 그러다가 평소에 억눌렀던 마음의 증기가 한꺼번에 분출되곤 하는데 그것이 바로 돌발적으로 나타나는 행위, 즉 '발작적' '폭력적'으로 분출되는 일련의 행동들이다. 경우에 따라 자신만의 마음을 표현하는 '환청' '환시' '이명' 등을 경험하는데, 이는 자기 방어적인 발작적 반응이자 증상이라 할 수 있다. 자신이 처한 상황에 따라 낯섦과 불안의 정도가 참을 수 없는 상태가 될 때 내보이는 이러한 다양한 인간의 심리, 행동 반응들은 바로 '조현병 증상'으로 여겨지게 된다.

황 K씨 같은 경우에 조현병 진단을 4년 반 전에 받았다고 이야기를 들었는데, 그때 어떤 상황이었는지 기억나는 대로 이야기해줄 수 있어요?

K 그 터널 같은 곳 지날 때…… 안 좋은 조형물 같은 게 보인다든지…….

황 터널을 지나든지 아주 깜깜한 상황이 오면 뭔가가 눈에서 보이는 경우가 생겼다는 거죠? 그때 몇 살이었어요?

K 23살…… 24살?

황 그때는 그러면 혹시 대학생이었어요?

K   군대에서 나왔는데…… 군대 가기 전에 휴학하고 군대 갔는
      데, 군대 전역 후 복학을 안 하고 계속…….

황   그렇군요. 그때 터널 지나갈 때 뭔가 보인 거 말고 어떤 다른
      경험을 했나요?

K   갑자기 눈이 돌아간다거나.

황   눈이 돌아간다.

K   이유 없이 저도 갑자기 눈이 돌아가고 갈피를 못 잡겠고.

황   그때 본인 심리 상태가 상당히 긴장하고 힘들고?

K   각박했어요.

황   그때 생활을 전반적으로 이야기해보실래요? 어떤 상태였는
      지.

K   왠지 그냥 가만히 있어도 답답했고, 누구와도 말이 통하지
      않았어요. 그리고 스스로가 너무 힘들다는 생각이 들었고요.

황   지금 약간 살집이 있는데 그때도 지금 같았어요?

K   네, 비슷했어요. 군대에서 전역한 다음에 살이 쪘어요.

(중략)

황   그러면 본인이 고등학교 다닐 때 뭐 특별히 자기가 어떤 생
      활을 했거나 어떤 사람으로 기억이 된다든지 하는 거 있나
      요? 친구들과의 관계라든지, 학교생활이 어땠다든지…… 그
      런 것들을 좀 이야기해줄 수 있어요?

K   전반적으로 갑갑하고, 내 마음대로 안 되는 거 같기도 하
      고…….

황	고등학교 다닐 때 적극적이고 활달했나요? 아님 조용하고 조금 내성적이고 소심한 그런 쪽이었나요?
K	좀 내성적인 쪽이에요.
황	외모에 비해서는 비교적 조용하고 겁도 좀 있고.
K	제 스스로 갇혀 있었어요.
황	갇혀 있었다. 본인이 '갇혀 있었다'라는 표현을 쓰는 이유가 뭐죠? 어떤 생활을 했기에 '갇혀 있었다'고 하나요?
K	누구도 안 만나려고 했고 집에만 있으려고 했고.
황	고등학교 다닐 때?
K	공부도 손에 잡히지 않았어요.
황	공부해야 되고 또 대학을 가야 되는 그런 거에 본인이 상당히 부담을 느끼고 힘들어 했나요?
K	그렇게 힘들지는 않는데 갑갑했어요. 그게 가장 컸던 것 같아요.
황	'갑갑하다'는 것은 본인이 어떤 상태에 있을 때죠?
K	일상생활이 늘 그랬어요.
황	본인이 아마 갑작스럽게 살이 확 쪘을 텐데, 그 부분도 마음이 힘든 상태에서 답답함을 느끼거나 무기력감을 느끼게 한 요인이 됐을 거고……. 눈에서 뭔가 이상한 게 보이거나 이상한 소리가 들리거나 하는 그런 상태는 대개 본인이 상당한 스트레스를 겪고 있거나 자기 생활을 제대로 해나가지 못해서 엄청난 무력감이나 좌절감을 겪을 때 일차적으로 나타나

는 현상일 가능성이 높아요.

K 네.

황 그때가 본인이 군대에서 막 제대했을 때인데? 군 생활을 엄청 힘들게 하지 않았나, 그런 생각이 드네요.

K 약간 동의해요.

황 아 그래요? 그러면 군대 들어가기 전 대학교 다닐 때 어떤 생활을 했는지, 군대 가려고 휴학했을 때는 어땠는지 기억나는 대로 이야기해줄 수 있겠어요?

K 대학교 때는 혼자서 자취를 했어요. 다른 사람을 만나고 싶은 마음도 있었지만 막상 만나면 재미가 없고, 그러다 보니 뭐 특별한 이유 없이 혼자 있는 시간이 저절로 많아지고…….

황 다른 사람들하고 만나는 것이 재미없고, 또 혹시 만나면 긴장이 되고 힘이 들고 또 힘이 빠진다, 그런 생각은 들었어요?

K 네, 들었어요.

황 약간 무기력감이 있고, 뭔가 별로 의욕도 없고, 하고 싶은 생각도 딱히 없는 그런 생활을……. 그냥 조용하게 집에만 있고 싶은 그런 상태로 지냈다는 거네요.

K 네, 그렇게 표현하는 게 맞아요. 거의 맞아요.

황 학교에 가도 뭘 해야 될지 모르겠고, 또 학교생활 하는 거나 이런 게 힘들기만 하다는 생각도 들고, 그래서 답답했던 거죠? 만일 그때 누군가가 K씨한테 "너는 왜 사니? 왜 학교에 오니?" 뭐 이렇게 물었다면 본인은 뭐라고 대답했을까요?

K   나도 모르겠다, 나도 모르겠다.

황   어머니께서는 그때 K씨를 보면서 어떤 느낌이셨어요?

어머니   친구들과 놀면 좋겠는데 왜 집에만 있을까?

황   K씨하고 이야기할 친구가 학교에 가도 별로 없고 그런 상황이었나요?

K   아니요, 저는 두루두루 친하게 지냈는데 마음이 허한 느낌.

황   그렇죠. 특별히 이해해주고 본인의 마음을 잘 알아주는 그런 사람은 없다는 생각이 들었죠?

K   아니, 그런 생각은 하지 않았어요. 생각조차 없었어요. 그런 생각은 하지 않았던 것 같아요.

황   그러면 본인이 '답답하다'고 했을 때 그 '답답하다'는 것을 어떻게 표현할 수 있어요? 누군가가 "K야, 너 기분이 어떠니?" 하면 "그냥 답답해요"라는 정도였나요?

K   저도 잘 모르겠어요. 왜 그런지 모르겠어요. 그냥 혼자 있고 싶어요. 뭐 그랬던 것 같아요.

황   고등학교 다니면서, 보통 2학년이나 3학년일 때 학교에서 공부하거나 학교생활 하는 거에 대해 스스로 '내가 잘 하고 있다'고 생각해봤어요?

K   만족하지 못했어요.

(중략)

K   학생답게 공부 좀 해야 됐고. 학생이니까 친구들이랑 대인

관계 교우관계도 좋았어야 했고. 전반적으로 좀 밝게 살아야 했는데 그러지 못했고.

(중략)

K   스스로 항상 갇혀 있었어요.

황   갇혀 있고, 그리고 항상 긴장하고 있는 느낌이고……. 조금 무기력해서 아무것도 하고 싶은 생각이 들지 않고요.

(중략)

황   혼자 있으면 내가 갇혀 있는 느낌을 받고, 그런데 또 '그렇게 있으면 안 된다'라는 생각이 들었다는 거죠? 그래서 1학기 마치고 나니까 못 하겠다?

K   대인관계, 공부하는 거, 이런 게 가장 힘들었던 거 같아요.

황   그러면 군대 간다는 생각은 어떻게 하게 됐어요?

K   일단 나이가 되니까 군대 생각이 들더라고요.

(중략)

황   그런 상황에서 본인은 그때 생활을 어떻게 기억하고 있나요?

K   군 생활이요? 잘한 것도 아니고 못한 것도 아니고, 그냥 시간 흘러가는 대로 지냈던 것 같아요.

(중략)

K   그냥 군 생활하고 있는 군인?

(중략)

황   뭐 특별히 문제 사병이다 뭐다 이런 식으로 이야기 들은 적은 없어요?

K   네, 그런 적은 없었던 것 같아요.

황   어……어머님은 군생활 중 제대 6개월을 남겨놓고 폭행 사건이 있었고, 관심 병사였다고 이야기했는데, 지금 K씨는 전혀 그런 기억이 없는 거네요?

K   그런 적 없는데? 아, 근신당한 거요? 14박 15일! 제가 발령을 새로 받아 갔는데 갑자기 들어가자마자 누군지도 모르는 사람이 계속 반말을 하면서 시키고 그러는 거예요. 뭐지? 하고 알아보니 저보다 후임인 거예요. 그래서 지켜보고 있다가 '안 되겠다, 내 선에서 끝내야겠다' 뭐 그런 생각을 했어요. 결국 어떻게 하다가 폭행을 했는데, 그게 잘 기억은 안 나는데요, 제가 근무를 서고 있는데…… 걔가 좀 건방지게 행동하고 말하니까, 똑바로 앉으라고, 다리를 꼬고 이렇게 비스듬히 누워서 막 다리를 떨고, 그러고 있어서 얘가 지금 정신이 나갔나? 생각이 들어서 제가 "발 풀어" 했는데 발을 안 풀고 그냥 "왜, 왜, 왜" 뭐 이런 식으로 그러는 거예요. 그래서 안 되겠다 싶어서 제가 발을 찼어요. 발 풀라고…… 그때 머리 좀 두세 대 때리고 그랬어요.

황   그걸 갖고 14박 15일 근신을 줬다고요? 억울하지 않았어요?

K   억울했지만 어떻게 할 방법이 없더라고요. 폭행이 가장 심각하다는 얘기를 들어서.

황   그런데 폭행이라고 하기보다는 후임한테 어떻게 보면 약간 지도 활동 수준으로 그런 거 아닌가요?

K   옛날 같았으면 그 정도는 아무렇지도 않은 건데, 제가 있을 때만 해도 폭행에 대해서 관심이 많았나 봐요. 옛날 같았으면 그냥 쥐어 팼는데.

황   그런데 잠깐만요, 그 후임은 키가 어느 정도 되는지 기억나요? 본인보다 훨씬 작았죠?

K   170정도?

황   그 후임이 폭행을 당했다고 소대장한테 이야기한 건데, 그러고 나서 소대장은…….

K   소원수리를 그때 쓴 거예요. 폭행했다고.

황   그 상황에 대해서 본인이 자초지종을 이야기했는데 소대장이 다 듣고도 본인한테 경고를 주거나 훈계한 게 아니라 바로 근신으로 넣어버렸단 말이죠? 그때 어떤 생각이 들었어요?

K   아, 군 생활 참 힘들구나!

황   그러고 나서 근신하고 나와서 거의 본인이 고참 말년이니까 그냥 그 생활이 끝나게 된 거죠? 고참 말년 때는 어떻게 생활했나요?

K   너무 조용히 혼자 있었어요.

황   그런 이야기를 누구한테 자세하게 해봤어요? 아니면 혼자서 그냥…….

K   혼자서 그냥 꿍……했죠.

황   어머님도 지금 이렇게 자세하게 이야기를 듣는 건 처음이에요? 이미 알고 계셨어요?

어머니	알고는 있었지만 더 세밀하게 이야기한 거예요.
황	그렇게 한 다음에 본인은 제대했군요. 그리고 본인이 터널 같은 거 지날 때는 눈에 뭔가 헛것이 보이는 거 같고 그다음 '눈이 돌아간다'라고 하는 걸 느낀 거고. 구체적으로. 어머님 께서는 K씨 눈 돌아가는 걸 보신 적 있으세요? 그때 어떤 상 황이었는지 설명해주실 수 있나요?
어머니	그냥 불안해서 앉아 있질 못하고, 뱅뱅 돌아요.
황	뱅뱅 돌고……. 그때 K씨 얼굴을 보면서 어떤 느낌을 받으셨 나요?
어머니	애가 불안하다는 게 딱 보였어요. 아예 눈이 안 보일 정도로 넘어가더라고요. 너무 급해서 응급실 갔더니 신경 안정제만 계속 주는 거예요. 안 떨어지니까 계속 넣더라고요.
황	그때 본인 스스로 '불안하다'고 느꼈어요?
K	뭐라고 설명해야 할지 모르겠어요.
황	그때 상황, 어머님이 처음 봤을 때 K씨가 어떤 상황에 있었 는지 혹시 기억나세요? 힘든 상황이었는지 아님 혼자서 너 무 방에 오래 있었다든지 이런 거요?
어머니	다크서클이 굉장히 심했고. 밤낮이 완전히 바뀌어서.
황	그렇게 되면 그런 행동이 나타나기 시작합니다. 본인이 일반 적으로 이상한 행동을 보이거나 심리적인 문제가 있으면 받 는 검사, 대개 MMPI라든지 그런 검사를 했을 텐데……. 거 기서는 아주 정상범위로 나오거든요. 왜냐하면 그 말은 본인

이 조현병이든 우울증이든 망상장애든 이런 정신병이 걸린
사람이 아니라는 걸 알려주고 있는 거예요. 본인은 자기자신
한테 어떤 문제가 있는지 알아요?

K   정신적으로 약간 갇혀 있잖아요.

황   정신적으로 갇혀 있는 게 아니라 본인이 무기력하고 자기 생
활을 관리를 못하는 데 문제가 있다는 것, 그런 상황을 한마
디로 표현하면 누군가가 일일이 손잡고 끌고 가면서 하는 거
죠. 독립적으로 오늘 몇 시부터 몇 시까지 무엇을 하고 몇 시
부터는 뭘 하고 이렇게 구체적으로 목표를 설정해서 실천하
는 게 아니라. 그러니까 하루 24시간을 관리하고 운영하는
그런 능력이 지극히 약화된 상황에 놓였던 겁니다.

알고 보면 사실은

조현병 환자의 마음이 어떻게 작동하고 있는지를 그들이 보이
는 행동으로만 판단하기란 쉽지 않다. 왜냐하면, 이 병의 증상이라
고 진단하는 단서들은 행동으로 보이는 문제뿐 아니라 그 사람의
감각과 사고의 혼란에서 비롯되는 모습들이 더 많기 때문이다. 그렇
기에 정말 각기 다른 조현병 증상을 보이는 사람의 마음을 파악해
야 한다. 환자 본인에게 그때 – 처음 조현병이라는 진단을 받았을 때
– 상황이 어땠는지, 어떻게 해서 그런 진단을 받게 되었는지 가급

적 꼼꼼히 물어보아야 한다. 기억이 나는 대로 가능한 한 자세하게 대답해달라고 요청해야 한다. 물론 이런 질문을 받으면 환자나 보호자들은 제대로 응답하지 못하는 경우가 더 많다. 하지만 놀랍게도 많은 조현병 환자들은 자신이 조현병으로 진단받을 당시 자신의 마음이 얼마나 어렵고 힘든 상태에 있었는지 놀라울 정도로 잘 표현한다. K군은 당시 자신의 상황을 이렇게 담담하게 표현했다.

그냥 세월 흘러가는 대로 살다 보니 어떻게 좀 그렇게 된 거 같은데…… 정확히 잘 모르겠어요.

K군과의 대화 내용을 좀 더 살펴보자.

황 언제부터 누가 나에게 "너는 조현병 환자야, 그러니까 약을 먹어야 돼" 이렇게 이야기했는지는 기억이 안 나는데, 어느 날 갑자기 보니까 내가 조현병 환자가 되어 있고, 약을 먹어야 되는 이런 상황이었다는 뜻인가요?

K 네, 자연스럽게 그렇게 된 거 같아요.

황 자연스럽게 됐고. 지금 사실 본인 얼굴은…… 정신병 관련된 약을 먹어서 얼굴 표정이나 신체가 바뀐 아주 전형적인 모습을 보이고 있어요.

K 약 때문에요?

황 그걸 약 때문이라고 이야기할 수도 있겠지만…… 본인이 지금이랑 다른 모습이었다고 기억하는 건 언제쯤이죠? 혹시 기억이 있나요?

K   잘 모르는 것 같아요.

황   아, 내 얼굴이 어떻게 바뀌었는지 기억이 안 난다?

K   잘 몰랐어요.

황   사실은 이 자리에 어머님도 같이 계시는데, K씨가 대학 갈 때 혹은 군대에 갈 때 얼굴이 지금 모습 그대로였나요?

어머니는 K군이 대학을 휴학하고 군대 생활을 마칠 때부터 많이 바뀌었다고 기억했다.

일단 얼굴에 다크서클이 생기기 시작한 건 군대 제대할 무렵부터고요. 그다음에 살이 18킬로그램가량 쪘는데, 이게 약을 먹으면서 그렇게 된 거예요. 그리고 두피를 보면 머리카락이 많이 빠지고 있거든요.

K씨 같은 심리상태에 있는 사람에게 다크서클이 생기는 건 자기가 받는 스트레스를 표현하지 못하고 본인이 억울한 상태에 처해 있거나 본인이 어떻게 해야 될지 모르는 긴장수준이 올라간 상태에서 그것을 신체적으로 표현해내는 전형적인 표식이다. 그 이후로 다크서클은 더 아래까지 내려갔다가 지금은 많이 올라간 상태라고 했다. "저는 무슨 색칠한 줄 알았어요." 어머니는 제대 말년의 K군 얼

굴을 이렇게 표현했다. 당시에 받은 스트레스 때문에 다크서클이 군인들의 위장 크림처럼 얼굴을 덮어버린 그런 상태로 기억하는 것 같았다. K군 스스로 힘들게 느꼈을 뿐 아니라, 주위 사람들이 알 수 있을 정도로 본인의 얼굴 상태까지 변했던 그런 안타까운 상황이었던 것이다.

황　　밤낮이 완전히 다른 상태가 되면 본인 스스로 불안 수준도 올라갑니다. 본인이 일상적인 생활 사이클에서 벗어나게 되면 본인 전체의 신체적인 예민성 자체도 올라가고요. 거의 발작적인 행동까지 나타날 수도 있어요. 병원에서는 이걸 조현병이라고 진단하는 건데 사실 그 발병 원인을 누구도 알 수 없습니다. 가장 일차적인 이유는 일단 본인의 생활 패턴이 완전히 뒤바뀐 데 있다고 보아야겠죠. 일반 사람들의 생활 사이클을 벗어나 고립 상태에 이른 셈인데, 이렇게 되면 신체에 약간의 자극만 가해져도 발작적으로 신체 반응을 보이게 됩니다. 어쩌면 그때 급격하게 살이 쪘을 거예요.

당신의 뇌는 죽어가고 있습니다

그렇다면 왜 K씨는 4년 반 동안이나 치료했는데도 증상이 나아지기는커녕 더욱더 완벽한 조현병 환자처럼 변신하게 되었을까? 다음의 내용은 K씨 어머니와 나눈 대화를 기초로 정리한 것이다.

황   그럼, 그 병원에서 3개월 있다가 퇴원한 건가요?

어머니   한 달? 한 달 반 정도 됐을 때 퇴원하려고 했는데, 애가 병실
         안에서 그냥 소변을 본 거예요.

이상한 행동을 했다고 여길 수도 있지만, 이 상황은 약이 K씨에
게 제대로 영향을 미치기 시작한 것으로 볼 수 있다. 적어도 '대소변
가리기'와 같은 신경과 근육 조절 기능에 그 약들이 확실히 영향을
주기 시작한 것으로 보이는 탓이다. 아이는 자라면서 학습을 통해
'대소변 가리기'와 같은 자신의 신체 근육과 기관을 어느 정도 조절
하게 된다. 그런데, 자신의 신체와 근육을 조정하는 마음의 능력(학
습된 능력)에 약이 효과를 발휘하기 시작한 것이다. 따라서 이 상황
은 가장 기본적인 사회 행동을 할 수 있는 능력이나 마음이 차츰 허
물어지게 되었음을 뜻한다.

아이들의 발달 과정에서 대소변 훈련은 단순히 자기 근육이나
자기 몸에 대한 통제의 의미만을 가지는 것이 아니다. 사회적인 관
계에서 자신의 마음을 통해 다른 사람들에게 보이는 적절한 행동을
수행할 수 있음을 인정받는 중요한 활동이다. 이런 학습 과정이 잘
이루어지지 않으면 사회적으로 비난을 받거나 질책을 당하게 된다.
아동 발달에서 '대소변 가리기 훈련'을 아주 중요한 사회 발달 과

제로 인식하는 배경이다. 심리성적인 발달 이론을 제시한 프로이트 (Sigmund Freud, 1856~1939)도 발달 과정에서 신체기관, 특히 대소변 가리기와 관련된 생식기 기관들을 언급했다. 이런 신체기관들을 잘 관리하고 사용하는 것이 인간의 기본적인 사회능력, 또는 인간의 마음이 발달하는 하나의 과정을 뚜렷하게 보여준다고 믿었기 때문이다. 다시 말해 동물이 아닌 인간으로서 최소한의 자기 관리와 사회적 규범을 습득할 줄 아는 인간의 모습을 갖추어가는 과정 말이다.

우리 인간은 사회 속의 한 구성원이 되면서 점차 '실수하면 어떡하지' 혹은 '이거 못 하면 창피하니까 참아야지' 하는 마음을 갖게 된다. 대다수 사람들이 '이렇게 행동해야 한다'는 믿음을 발달시키는 것이다. 그런데 정신병 약을 복용하게 되면서, 어린 시절부터 사회화 과정에서 자연스럽게 학습한 마음의 통제, 규제 행동 자체가 허물어지기 시작한다. 약의 효과라고 할 수 있다. 한마디로 '약발'이 나타나는 것이다.

K군은 하지만, 자신이 왜 병실에서 소변을 봤는지 기억이 나지 않는다고 했다. 또한 자신이 '샴푸도 먹었다'고 했다. 막연히 금지되었던 행동을 나름대로 다 해보았다는 뜻이다. 옆에서 K군의 이야기를 들은 어머니는 '그 얘기는 처음'이라 했고, 다시금 "샴푸를 다 먹었어?"라고 무심하게 한마디 내뱉었다. 나는 K군에게 "기분이 어땠어요?"라는 말로 거들었다.

죽는 줄 알았어요. 어우, 뭐 기름 먹는 거 같았어요.

나는 K군의 이 같은 일탈 행동을 일종의 호기심에 가득한 사회화 이전의 어린아이 마음으로 받아들였다. 그래서 이렇게 태연하게 설명했다.

정신병동 안에서 그쯤 되면 되게 심심하거든요. 그래서 이상한 짓, 보통 우리가 상식적으로 하지 않는 그런 행동 있잖아요? 애들이 아무거나 보고 찍어 먹고 마셔보고 하는 그런 행동이 자연스럽게 일어납니다. 심리적으로 이야기하면 '퇴화되는 행동'이라고 할 수 있고요.

어머니는 이 설명에 공감하듯이 "저도 그런 생각을 했어요"라고 대답하면서 아들에게 "(너) 퇴화되나?"라고 물었다. 아들은 묵묵히 "거꾸로 돌아가는 느낌이었어요"라고 말했다. 이런 아들을 쳐다보며 어머니는 불현듯 그 당시를 떠올리고는 "아, 그래서 '뇌가 죽나?'라고 물은 거구나?" 하면서 고개를 끄덕였다.

아마 그 말은 당시 K군을 치료했던 의사가 한 말이었을 가능성이 높다. 의사로서 환자에게 병에 대해, 그리고 그 병의 진행에 대해 분명하게 해줄 수 있는 말은 아마 "(당신의) 뇌가 죽어가고 있다"는 이야기였을 것이다. 사실, 이것은 정신과 약을 먹으면 뚜렷하게 나타나는 흔한 증상들이 모두 뇌기능의 억제 등과 연관되어 있다는 사실로도 확인할 수 있다. 경험적으로, 아니 멋진 단어를 사용하여 '현상학적으로' 표현해보자면, 정신과 약을 먹는 환자들은 자신의 감각이 차단되면서 몸이 직접 느낄 수 있는 다양한 감각 자극들이 전체적으로 줄어드는 그런 상태에 처하게 된다고 느낀다. 우리가 거의 자동적으로 학습해온 – 몸과 마음을 사회적 규범이나 자신의 관리, 통제 아래 두면서 잘 사용할 수 있는 – 능력들이 현저히 줄어드는 것이다. 아니, 사회적 규범이나 도덕적 기준 등에 의해 억제하거나 표현하지 말아야 하는 행동에 대해 신경을 덜 쓰게 된다. 때로는 충동적이거나 억제되지 않은 형태로, 때로는 남우세스럽게도 불량한 행동으로, 심지어 '사회적인 규범이나 도덕적 기준을 넘나드는' 모습처럼 주위 사람에게 신경을 안 쓰는 그런 행동들이 무작정 나오게 되는 것이다. 그러다 보면 더욱더 사회적으로 고립된 상태에 처하게 되는데, 이런 상황에서 발작적이거나 충동적 행동과 더불어 전혀 알아들을 수 없는 소리나 허황된 생각, 이명 등을 일정한 기간 동안 지속적으로 표현했다고 한다면 많은 정신과 의사들은 "조현병 증상이 나타났다"고 쉽게 진단할 수 있다.

흔히 조현병 진단의 근거로 환자 혼자만의 감각적 경험, 즉 환청(幻聽), 환시(幻視), 환각(幻覺), 망상적 사고 또는 폭력적 정서 반응 등이 지적된다. 희한하게도 약을 먹으면 이 중 일부 행동은 더 이상 나타나지 않게 되기도 하지만, 많은 경우에는 약의 복용으로 인해 K씨처럼 사회 퇴행적인 행동, 이전에는 없었던 감각 이상적인 행동을 보인다. 그렇다면 이를 과연 조현병의 증상이라거나 환자 개인의 문제라고 치부할 수 있을까? '조현병 증상이 있어 약을 먹었다'와 '약을 먹었더니 조현병 증상이 더 심해졌다'는 말의 속사정을 따지는 것은 마치 '닭이 먼저인가, 달걀이 먼저인가' 그 순서를 캐묻는 경우와 조금도 다르지 않다. 포인트는 '어느 시점에서 어떤 문제를 보느냐'에 달려 있기 때문이다.

지금도 그렇지만, 몇 년 전만 해도 항생제 과다 복용은 이 나라에서 아주 뚜렷하게 보고된 약물 사고의 대표적인 문제로 언급되었다. 그러다 어느 순간부터, 항생제 남용이 도리어 질병을 키우고 병을 치료하기 어렵게 만든다는 것을 알게 되면서부터 항생제를 조금 경계하는 마음을 가지게 되었다. 하지만, 건강에 관심이 증가하면 할수록 사람들은 더욱더 많은 건강보조 식품이나 기타 다양한 약을 마치 비타민 먹듯이 먹고 있다. 심지어 밤에 편하게 잠들지 못한다며 '졸피뎀'이나 '스틸녹스'와 같은 수면 보조제를 찾는 경우도 부지기수다.

자신의 삶에서 무척 힘들고 어려운 시기에 부딪히면 누구나 제정신으로 살기 어렵다고 생각할 수 있다. 당연하다. 하나도 이상할 게 없는 반응이다. 자신이 속한 사회에서 안정감이나 소속감을 상실했다고 생각해보자. 이런 상황에 처하면 그 누구라도 어떤 조직의 특정 환경 속에서 적응하는 것, 혹은 일상생활을 영위하는 것조차 힘들다고 느낄 수 있다. 이런 때 상당히 많은 사람들에게서 정신병 증상으로 보이는 행동이 나타날 수 있다.

의사들은 대개 "누구나 암에 걸릴 수 있습니다"라고 말한다. 마찬가지로 인간이라면 누구나 마음의 아픔을 겪을 수 있다. 우리는 몸이 아플 때 증상에 따라, 그리고 필요에 따라 약을 처방받는다. 마음이 아픈 경우도 마찬가지다. 마음의 아픔이 극심하여 아주 난폭한 행동을 하거나 심지어 자살을 시도하거나 자해하는 행동을 보일 때에 정신과약을 처방할 수 있다. 일단 그 사람을 진정시켜야 하기 때문이다. 날뛰는 맹수나 야생동물을 포획하기 위해 '수면유도제'나 '마취제'를 주사하는 것과 그리 다르지 않다. 그렇지만 그런 약물 투여가 인간에게 이뤄지는 경우는 반드시 '분명한 목적'을 가진 '일시적인 처방'이어야 한다. 다시 한 번 강조하지만, 인간의 행동을 억제하는 처방은 분명한 목적을 가지고 단기간에 그쳐야 한다. 적어도 그 사람이 자신의 행동이나 자기 마음 상태를 책임지고 관리할 수 있다는 인식이나, 최소한 그 사람 자신이 존재해야 하는 이유나 권리가 있다는 것을 인정하고 있다면 말이다. 이는 한 인간이 살아가야 하는 이유, 한 인간이 스스로 살아갈 수 있는 권리, 또는 한 개인을 '있는 그대로' 인정해주어야 한다는 가장 단순한 요청이다.

이런 기본적인 '존재의 이유'에 대한 인정해줄 수 있다면, 적어도 어떤 한 사람을 약 복용을 통해 한두 달, 또는 대여섯 달 이상 통제하려 할 때엔 정말 무슨 이유에서인지 물어볼 수 있어야 한다. 그런데 재미있게도 우리나라의 정신과 의사들은 그 반대로 이야기해준다. 아들에게 지난 4년 동안 정신과 약을 먹여야 했던 어머니는 이렇게 하소연했다.

약 끊으면 큰일 난다고 하죠.

어떤 정신과 의사는 "신경계통의 문제는 쉽게 말하면 성격이 바뀌는 것처럼 뇌의 체질이 바뀌어야 하는 만큼 상당히 오랜 기간 동안 노력과 인내와 시간이 필요하다"고 이야기했다. 아마도 담당 의사를 믿고 의지를 가지고 지속적으로 약을 복용하면 언젠가 좋아질 거라고 이야기하는 듯하다. 마치 만성천식 환자에게 "이 흡입제는 복용하는 약에 비해 부작용이 거의 없으니 매일 아침 눈을 뜨면 양치하기 전에 한 번 흡입하세요. 반드시 매일 하셔야 합니다"라고 다짐을 받는 것과 다르지 않다. 흡입제 투약 설명서에 적힌 깨알 같은 경고문 내용에 대해서는 함구한 채 말이다.

물론 환자들이 의사의 약 복용 권고를 부정하기란 쉬운 일이 아니다. 하지만 의료서비스의 소비자로서, 특히 마음과 관련된 문제를 안고 있는 경우, 최소한 의사에게 그 약의 효능이 무엇인지, 그 것이 진짜 환자가 겪고 있는 마음의 문제나 마음의 병을 치료하는

데 어떤 효과를 얻을 수 있는지 분명히 물어볼 수 있어야 할 것이다. 더 나아가 환자의 상태나 병에 대한 의사의 설명이 충분히 이해될 수 있도록 과학적인 자료나 근거를 요청할 수 있어야 할 것이다. 또한 전문가라면 환자나 보호자의 질문이나 설명 요청에 대해 무조건 "당신들이 틀렸어, 그건 아닌데?"라고 윽박지르거나 되물을 이유가 없다. 그런데 이 나라에 있는 정신과 의사들은 맹목적으로 하나같이 "약을 끊으면 큰일 난다"고 말한다. 마치 대다수 종교인들이 "교회에 나오지 않고 하느님께 기도 드리지 않으면 지옥 간다"고 이야기하는 것과 다르지 않다. 우리는 대체 어떤 나라에 살고 있는 것인지, 우리가 무슨 짓을 하고 있는 것인지 참담할 뿐이다.

정신과 의사들이 조현병 이슈가 나올 때마다 조현병 환자들에게 약을 더 먹여야 되고, 심지어는 입원 병실을 늘리고 거기 환자들을 감금해야 된다고 이야기하는 걸 보면, 정말 그분들의 직업적 역할이나 소명에 대해 묻지 않을 수 없다. 어떨 때엔 그들이 아주 뚜렷한 목적을 가지고 미디어를 활용하고 있는 건 아닌가 하는 의심마저 든다. 물론 훌륭한 의사 분들이 어떤 사악한 의도로 환자들을 대하거나 자신의 일을 수행하는 것은 결코 아닐 것이다. 문제는 이 정신병에 대해서 그것이 마음의 문제라고 인지하기보다 몸을 구금하고 몸을 약으로 통제해야 되겠다는 고정 관념을 내면화했다는 데 있다. 아니, 어쩌면 마치 특정 종교를 신봉하여 모두들 한마음 한뜻이 되어 몸을 통제하는 약을 통해 마음을 관리할 수 있다고 믿게 된 것인지도 모른다. 어찌 보면 아주 오래된 마음의 병, 마음의 아픔을 몸의 병, 아니 더 구체적으로 뇌나 신경계의 문제로 보려는 통념의 틀에서 조금도 벗어나지 못한 것처럼 보인다. 나는 이런 현실 때문에 자주 분노한다. 진짜 이건 아니지 않느냐는 울분이 생긴다.

다시 K씨의 경우로 돌아가 보자. K씨는 어쩌면 그런 치료가 필요한 상태가 아니었음에도 불구하고, 정신병 진단이 내려진 후 무작정 약을 통해 나을 수 있다는 믿음으로 20대 중후반기의 대부분을 정신병 환자로 살아왔을지 모른다. 병의 진단이 잘못되었다는 것이 아니라, K군이 겪고 있는 마음의 아픔의 정체가 무엇인지를 정확하게 알지 못한 채로 그냥 정신병의 범주에 넣어버리고 약물 처방을 취했다는 뜻이다. 그가 4년 반 동안 이런 마취약을 지속적으로 복용했다면 비정상적인 몸이 되는 것 또한 당연한 결과이지 않은가?

어머니 저는 지금 조현병 환자들 때문에 병실이 늘어날까 봐 두려운 거예요.

황 어머님께서 두려워하시는 것도 충분히 이해하는데 제가 왜 하나하나 묻는 거냐면, 정신과 의사들이 발작적인 행동이나 환청, 혹은 환각이라는 증상을 보고 받으면 그 즉시 자동적으로 조현병이라고 진단하고 그것을 근거로 입원시킨 다음 투약하기 때문입니다. 약을 먹으라고 지시하는 것 외에는 이 병 자체가 어떤 병인지 알려고 하지 않아요. 그저 뇌신경 회로의 잘못이라고만 주장해요. 환자가 자기 자신에 대해서 품는 정체성에 대한 의문이나 자신의 사회적 역할에 대한 질문, 자기 생활을 남들처럼 관리하지 못하는 데서 오는 자괴감이나 혼란스러운 심리 상태 등에 대해서는 일말의 관심도 없습니다. 그런 것들이 근본적인 문제인데, 의사들은 일단 조현병이라고 진단한 다음 약을 주면 그것으로 자기들이 환자를 치료했다고 믿어요. 또 그게 자기 역할이라고 믿고요. 실은 이것이 더 큰 문제입니다. 그래서 아드님이 4년 반 동안 조현병 약을 먹고 지금은 신체로 이미 조현병 환자가 보이는 증세나 행동을 너무나 자연스럽게 하고 있는 것입니다. 이를 테면 의사 말 잘 들으며 약을 꾸준히 복용한 결과 진짜 조현병 환자가 된 놀라운 일이 벌어진 거예요.

내가 이 책의 앞에서 "조현병이 아니었는데 치료를 통해 완벽한 조현병 환자가 되었다"고 했던 부분은 바로 이 경우를 염두에 둔 표현이다. 마음이 여리고 섬세한 사람에게 성급하게 조현병 딱지를 붙여주고 약을 계속해서 먹임으로써 완벽한 약물중독자로 만든 결과 아닌가? 이 아이는 무엇보다 예민하고 섬세하다는 정서적인 특성을 지니고 있었고, 그런 이유로 자신에게 닥친 어려운 상황 속에서 자기 자신을 스스로 관리할 수 없었다. 이로 인하여 자신의 마음을 돌보지 못해 발작적이고 돌발적인 행동을 보였다. 그러나 의사가 환자의 증상을 파악하고 병으로 진단하는 과정에서 이런 부분은 무시되었다.

이를 마치 뇌가 손상되었다느니 신경에 문제가 있어서 병에 걸린 거라느니 하면서 병자로 만들어버린 겁니다. 어머님과 K씨는 이런 무지한 현대의학의 피해자나 마찬가지입니다. 그렇게 생각하시면 좋겠어요.

대부분의 조현병 환자들의 문제는 뇌의 손상이 아닌 마음의 문제에서 나온다. K씨 같이 섬세하고 예민한 사람들의 문제가 뇌 손상에 의한 조현병이 아니라, 마음의 문제라는 사실을 알게 되었다면, 어떤 해결책을 내놓을 수 있을까? 약이 아닌 다른 방법으로 이 문제에 대한 답을 찾아갈 수 있을까?

: 철군 이야기

철군 입원 일지(20××년 6월 20일 Saturday)

입원	날짜	비고
첫 번째 입원	2014.01.01	순**병원에서 조현병 진단을 받고 강제입원 당함 소래**병원으로 추정(4개월 11일 정도 입원)
	2014.05.12	퇴원
두 번째 입원	2018.04	안산**병원
	2018.05	퇴원
세 번째 입원	?	경주(입원 기간 짧음)
	?	퇴원
네 번째 입원	2019.01	소래**병원
	2019.03	퇴원
다섯 번째 입원	2019.04	소래**병원(4개월 10일 정도 입원)
	2019.08	퇴원
여섯 번째 입원	2019.09	안산**병원

철군 상담 사연과 경과 설명

철군과의 상담은 2017년 11월부터 2020년 2월까지 4회 차로 이루어졌다. 여기 소개하는 것은 총 네 번에 걸친 상담에서 매회 상담 전에 철군이 나에게 보내온 내용이다. 세 번째 상담 이후에 철군은 몇 번의 폐쇄병동 입원 상황을 더 경험해야 했다. 네 번째 상담에 나타난 철군은 완전히 조현병 증상을 보이는 환자로 변신한 듯했다. 세 번째 상담 이후 1년이 지난 뒤 이루어진 네 번째 상담을 위해 보내온 그의 사연은 철군이 겪었던 어려운 시간뿐 아니라, 그의 마음이 완전히 조현병 환자로 바뀌었다는 것을 잘 알려주었다.

처음 상담하는 그 시점에서 이미 철군은 약 3년 정도 조현병 관련 약을 먹었던 것으로 보인다. 하지만 처음 내가 상담한 2017년 말경 적어도 그는 조현병이나 어떤 정신병 환자의 모습으로 보이지는 않았다. 여기 상담 사연에서 확인할 수 있듯이 조현병 환자라기보다는 예민하고 소심하며 감수성이 풍부하지만 삶의 걱정이나 열정 또한 지니고 있는 젊은이의 전형적인 마음을 잘 보여주는 상태였다. 하지만 이 청년의 모습은 네 번째 상담을 위해 나타났을 때, 아주 분명한 조현병 환자로 변신해 있었다.

철군의 사례는 심리상담자인 나에게는 '만들어지는 병, 조현병'의 전형적인 경우였다. 조현병 치료약이 조현병 증상을 치료하는 것이 아니라 확실한 조현병 증상을 만들어내고 또 지속시키는 기능을 한다는 것을 잘 보여주는 사례였다. 지금도 철군의 사례를 생각하면 누구에게나 이렇게 이야기하고 싶다.

"당신이 예민하고 섬세하며 또 삶의 무게를 잘 이겨내지 못하는 상황에서 자신의 삶의 주인이 되어 살 수 없는 상태라면, 쉽게 철군과 유사한 상태에 빠져들 수 있답니다."

처음 철군이 찾아왔을 때

(1차 상담을 위해 보낸 사연, 2017년 11월)

저는 스물네 살이고 직업은 없어요. 진로에 대해서도 고민하지만 사실 진짜 고민하는 요즘 상태는 마음이 너무 허접하다는 거예요. 조현병 약을 먹고 있지만 그래도 적응되어서 살 만해요. 근데 요즘 뭐 해야 할지를 모르겠어요. 사실은 아주 오래전 일이긴 한데 무의식 속에서 좋아했던 애가 있는 것 같아요. 지금 스물네 살인데 중학교 때 좋아했던 아이를 계속 잊지 못해요. 중학교 때 사진을 보거나 카톡 친구 추가 사진 보면 그냥 그런가 보다 하는데 혼자 있거나 꿈을 꾸거나 하면 그 친구 생각이 많이 나요.

중학교 때 그냥 짝사랑만 하고 친구 사이로 지냈는데 고등학교를 남고로 갔어요. 남고로 가게 된 이유는 글쎄요, 중3 때 담임선생님이 가라고 해서 그런 것도 있지만 나름대로 막연한 책임감도 있었던 거 같아요. 남고로 가서 그 친구를 정말 많이 그리워했어요. 전학이라도 했으면 모르겠지만, 그러지 않았으니 제가 그때 할 수 있었던 거라곤 공부밖에 없었어요. 열심히는 했지만 그렇다고 성적이 잘 나온 것도 아니었고 그래서 재수 삼수 하다가 조현병에 걸렸어요.

저는 그 아이를 중학교 3년 동안 계속 좋아했고요. 고등학교 3년을 그리워하며 보냈어요. 그런데 제가 졸업하고 아무것도 못하고 집에서만 2년을 지냈거든요. 그 사이에 세 번 정도 용기를 내서 만났는데…… 그때 제가 못난 짓도 했어요. 암튼 세 번째 때 연락하지 말라는 소리를 듣고 청천벽력이라고 생각했어요. 번개가 달린 도끼로 정수리 앞부분을 찍힌 기분이랄까요. 참다가 전화해서 "죽지 마!"라고 소리치고 그랬어요. 가족들이 놀라서 친구들이 오고, 제가 망상이 심하다고 해서 병원에 강제로 입원하게 되었어요. 그때 세상이 무너지고 망연자실한 상태였어요. 모든 게 화가 나고 그랬는데 그래도 한번 살아보자고 보건소도 다니고 사회복귀시설도 다녔어요. 대안대학이라고 하는 곳도 두 곳이나 다녔어요. 협동조합 교육도 받아보고요. 마라톤도 해보고 복싱도 해보고 알바 몇 번에 동호회도 들어가 보았어요. 심리상담, 집단상담, 심리극도 해보고요. 지하철여행, 국내 기차여행도 했고, 얼마 전에는 제주도에 갔다 왔어요. 2014년 1월 1일에 입원했으니까 5월에 퇴원하고부터 약 계속 먹으면서 오늘날까지 그렇게 지내왔어요.

황상민 박사님은 김○○ 씨 알고 난 뒤로 알게 되었는데 아마 집에만 있었던 그 2년쯤이니, 2012년부터 2013년 사이인가 봐요. 그 당시에는 제가 상담 못 받겠다고, 멀게만 느껴져서 안 받았는데, 이번에 위즈덤센터에서 받아보게 되네요. 그래도 지금까지 해왔던 것 중에는 심리극이 제일 좋았던 거 같아요. 중학교 때로 돌아가서 고백해보았는데, 고백하고 포용하고 난 뒤에 엄청 한참 울었어요. 그랬어야 했는데 이런 생각 많이 했던 것 같아요.

저 여기서 검사 몇 개 받았는데 3월에 WPI 받을 때 예감에 아이디얼리스트가 나올 것 같다고 짐작했는데 리얼리스트로 나와서 놀랐고요. 요번에 상담을 받기로 결정하고 WPI 이상검사랑 WPI 현실검사를 받았는데 저번 검사랑 다르게 이번 현실검사에서는 릴레이션이 낮아지고 트러스트가 높아졌더라고요. 암튼 제 상태를 확인해서 제 심리도 알고 제가 할 수 있는 것도 알아보려고 해요. 제가 앞으로 뭘 할 수 있을까요? 저 뭘 하면서 살아야 할까요? 하고 싶은 게 없다고 해야 할까요? 성취감이 안 들어요.

두 번째 철군과의 상담
(2차 상담을 위해 보내온 사연, 2018년 2월)

상담을 받고 흥분했다. 나는 빨리 뭔가 하고 싶었다. 그런데 생각을 했다. 내가 진짜 조현병이 아닌가? 그러다가 저녁식사 때 아버지가 왜 또 공무원 준비하다가 기술로 바꿨냐고 했을 때 정말 속이 상했다. 잘해보려 한 건데……. 그래서 방 안에 들어가 시무룩해 있는데 어머니가 들어오셔서 나를 달래주었다. 어머니에게 먼저 상담 내용을 들려줬다. 다음 날 엄마가 울면서 약을 먹지 말라고 했다. 그러고는 몰랐던 사실에 대해 왜 말을 안 했냐 했다.

어머니가 가족들한테 상담 내용을 들려주지 말라고 했지만 나는 그래도 큰누나한테 들려줬다. 큰누나는 "그래서 네 생각이 어떤데?"라고 물었다. 나는 이 상담을 믿는다고 하니까 큰누나는 "그럼 심리학계에서 권위 있는 분을 만났으니, 의학계에서 권위 있는 분도 만나보자"고 했다. 속으로 가슴이 철렁 내려앉았지만 그래도 누나 말을 듣기로 했다. 누나는 뇌영상을 찍는 S병원 K교수를 만나자고 했다. 김장철에 작은누나한테도 내 이야기를 들려주고 작은누나랑 단 둘이 내 방에서 얘기를 나눴다. 작은누나가 울면서 "근데 진짜 약 안 먹어도 돼?"라고 했다.

아버지께 들려드리려 했으나 녹음파일을 보내 달라고 해서 그건 싫어 들려주진 않았다. 하지만 조현병이 아니라는 말을 들었다고 말씀드렸다. 그렇게 다들 알리고 나는 계속 내 상담을 들었다. 어머니께서는 두세 번 들으셨고, 큰누나랑 작은누나는 한 번, 아버지는 안 들으셨다. 나는 열 번 정도 들은 것 같다. 그리고 의사한테도 말했다. 의사는 팔팔 뛰고 흥분했다. 그래도 약은 계속 타러 갔다. 하지만 나중에는 아빌리파이 5밀리그램에서 2밀리그램으로 줄였다. 줄이고 난 뒤에 의사를 만나러 가면 나는 치가 떨렸지만 속으로 참았다.

S병원 K교수 예약은 2월 1일로 잡았는데 그전에 어머니 환갑이 있어서 매형까지 포함해서 다들 소고기 식사를 했다. 아버지는 사무실 가시고 집에 나머지 식구들끼리 있는데 내가 그동안의 사실을 잘 모르는 매형에게 뇌 영상 찍으러 간다고 얘기하고 황박사 상담 이후 상황을 얘기했더니 매형은 병이 아니라고 단언했다. 그때 가족들 표정은 좀 나를 부정적으로 보는 것 같았다. 나는 그때 매형의 얘기를 듣는 게 좋았다.

매형과 작은누나가 집으로 간 뒤 나는 운동하러 공원에 나갔다. 작은누나가 전화해서 내가 병이 아니라고 얘기해주었다. 그런 뒤에 다시 집으로 와서 큰누나와 어머니한테 작은누나가 나보고 병이 아니라고 얘기했다고 말했다. 그때 큰누나랑 말싸움을 했다. 나도 화가 나서 소리를 버럭 질렀지만 그래도 참을 수 있어서 참았다. 결국 어머니와 큰누나한테 약을 안 먹고 K교수에게 안 가도 된다는 허락을 받았다. 그다음 날 매형이 그래도 K교수를 한 번 더 만나보자고 했다. 나는 내키지 않았다. 작은누나랑 통화했다. 그래도 약은 계속 먹으라 했다. 나는 싫다고 했고, 통화는 안 좋게 끝났다.

그다음 날 아침에는 어머니와 아버지도 나에게 조심스러워 보였지만 화를 냈다. 그래서 큰누나가 결국 나에게 황박사 상담을 가족들 모두 가자고 제안했다. 약을 계속 먹고 K교수한테도 가자는 것이다. 나도 동의했다. 사실 황박사 상담만 받을 수 있으면 가족들이 뭘 원하든 문제없이 따를 수 있다. 이제는 약을 먹든 병원을 가든 상관없다. 이번에 하는 황박사님의 상담이 나와 가족의 진짜 문제가 뭐고 어떻게 이 문제를 해결해나갈지 진실 되게 알려주리라 믿는다. 나는 나와 우리 가족이 앞으로 잘 풀리길 바란다. 만약에 황박사님을 안 만나고 K교수를 먼저 만났다면 서로가 서로에게 잘 모르면서도 미안한 마음만 가지고 평생 살았을 거라는 생각이 든다. 그래서 황상민 박사에게 먼저 가는 거다.

아버지와 작은누나가 "황상민 박사가 신이냐?"라면서 화를 냈다. 속으로 착잡했다.

철군과의 세 번째 상담

(3차 상담 전에 보내온 사연, 2018년 12월)

안녕하세요, 박사님. 철군입니다. 지난번 상담 잘 받았습니다. 이제 저에 대해서 조금씩 알아가는 것 같아요. 저에 대해서 알아가면서도 한편으로는 제 곁에 있는 주변 사람들도 자기가 어떤 사람인지를 알았으면 좋겠다는 욕심이 생겨요. 일단 어머니 아버지가 노후준비를 원하시는 대로 했으면 좋겠다고 생각했어요.

먼저 아버지가 앞으로의 인생을 본인이 원하는 대로 사셨으면 좋겠다는 생각을 해서 요 근래 큰고모랑 작은아빠를 찾아가서 아버지 얘기를 들어봤어요. 아버지랑 고모 작은아빠 집안은 안면도 승언리에서 줄곧 살아왔는데 마을사람들도 인정했던 게 아버지는 큰 웅변대회에서 많은 호소력으로 관중을 끌어 모았다 하더라고요. 아버지는 위에 고모님께서 계시지만 장남이었어요. 할아버지께서는 농부셨는데 정말 엄격하고 무서운 분이셨다고 모든 친척들이 얘기해요. 큰고모는 초등학교 졸업이 끝이었고요.

아버지는 어려서부터 공부를 정말 잘하셨대요. 아버지는 판사처럼 법조계에서 일하는 게 꿈이었는데 할아버지가 집안이 어렵고 장남은 또 돈을 벌어야 한다고 해서 당시 기술계통 공고로 입학원서를 쓰셨다 하시더라고요. 제 생각에 아버지로서는 할아버지에게 효도해야 하니까 막 뭐라 하지 못하셨겠지만 마음속에 안타까움이 있으실 것 같아요.

그래서 따로 떨어져 나와서 대전에서 기숙사에 있으면서 공고를 다녔고 큰고모가 볼 때는 어쩔 수 없이 가야 했겠지만 고생 많이 한다고 느끼셨대요. 아버지는 기숙사에서 무 하나 라면 하나로 근근이 먹어가면서 공부했다 하시더라고요. 그리고 나중에 대학을 갔고 석사학위도 따시고, 지금은 기계 분야 쪽으로 전문대 교수이시면서 설계 제작, 강연 의뢰 들어오는 거 다 하세요. 근데 아버지는 본인께서도 힘들어 하시는 걸 어디다 하소연은 못하니까 그걸 술로 달래시는 법을 배운 것 같아요. 가끔이지만 아버지가 술 취해서 들어오셔서 우시거나 화내고 그렇게까지 안 취하셨을 땐 "사랑하는 거 알지? 우리 아들 안아보자" 이러세요. 아버지는 중매로 어머니를 만났대요. 아버지 얘기는 일단 여기까지 말씀드리고 어머니 얘기를 해드릴게요.

어머니는 지금은 창원시로 통합된 마산 출신이세요. 언제 한 번 외할머니 얘기를 들은 적이 있는데 마산은 6·25 때 정말 포탄 소리 들리고 난리가 아니었지만 다행히 전쟁이 끝나고 외할아버지랑 사셔서 가족을 이루시고 어머니도 낳으신 것 같아요.

외할아버지는 버스 운전 기사였대요. 어머니 말씀으로는 외할머니가 요리를 잘했대요. 가끔 아버지랑 어머니랑 외할머니 뵈러(외할아버지가 저 초등학교 5학년 때 돌아가셨어요) 가면 어머니는 외할머니한테 짜증(인정받고 싶어 함? 혹은 불만) 같은 걸 내비치면서 외할머니께 "아니 그럼 보살님은 불교 믿으세요"라고 하세요. 그리고 아버지는 "새누리당 아니라니까요!" 하시고 외할머니는 "금마들 빨갱이 아니가. (고개 돌리시면서) 쯧쯧쯧" 이랬던 기억이 나요. 그게 저 고1 때였던 거 같아요.

어머니는 청소년 시절 학교에서 고전무용 했던 걸 기억하더라고요. 그래서 언제 한 번 몇 년 전에 문화센터 가셔서 고전무용을 배우려고 했는데 금방 그만두셨어요. 어머니께서는 둘째셨어요. 어머니는 고등학교 졸업하시고 아는 분 소개로 (정확히 맞을지 모르겠네요) 진해 해군 군부대 안에서 행정과 그 외의 일을 보셨대요. 거기서 11년간 일하시다가 중매로 아버지를 만나게 된 거죠.

중매로 만나셨을 때 아버지는 석사공부 중이었나 그랬을 거예요. 20대 후반쯤이었을 텐데 (아버지가 어머니한테 보낸 연애편지도 있더라고요 ㅋㅋ) 그때 큰누나를 가졌을 거예요. 큰누난 86년생 작은누나는 87년생이에요. 고모한테 얘기 들기로는 아버지랑 작은 아빠들이 서울 방배동 고모네 얹혀 살았다 하더라고요. 그때 당시 고모도 고모부랑 결혼한 상태였고요.

고모에 대해서 말씀 드리면 지금은 60대 중반이고 고모부는 지금 70대 초반이어요. 말씀 드렸다시피 고모는 초등학교만 졸업했는데 그때 주변 어떤 할머니가 "여자는 배우는 거 아니다" 이러면서 고모를 학교에 못 보내게 했대요. 농사짓는 마을이면 가부장제 문화가 있었을 거고, 남존여비 분위기도 있었을 거예요. 그래서 어르신들이 그렇게 했던 거 같아요. 고모는 같은 또래 애들이 교복 입고 다니는 게 제일 부러웠대요. 고모가 고모부랑 결혼한 건 스물세 살 때래요. 그때 당시 할아버지 집에 고모가 같이 사실 때 밑에 집 승자네랑 그 친구들과 왕래 교류가 있었는데 안면도 내 다른 마을에서 있던 고모부를 만나게 돼서 결혼하셨대요.

고모부는 공무원 시험에 합격하셔서 그 당시 체신부(지금의 정보통신부 맞죠?) 들어가셔서 우정사업에 관한 일반 행정일을 보셨다

하시더라고요. 줄곧 그렇게 일하셔서 6급까지 올라가시고 국제우편에 관한 중책도 맡으시다가 2000년대 중반에 퇴직하시고 지금은 시골 시외버스터미널 근처 작은 아파트에서 사시면서 관리 일 하시는 것 같더라고요. 고모 고모부 집에 아버지 작은삼촌들이 얹혀 살 때가 1980년대쯤이었을 거예요. 그리고 하나둘 아버지 작은 삼촌들이 어머니나 작은엄마를 만나면서 독립하고 결혼하셨겠죠.

아버지가 저를 낳으셨을 때는 서울 ○○동이었어요. 저는 거기서 일곱 살 때까지 살다가 인천 ○○동으로 이사 갔어요. 어렸을 때 기억이 나서 저 20대 초반에 예전에 살던 신림동을 가보니 그때는 되게 크게 느꼈는데 동네가 엄청 조그맣던데요. 그리고 서울 ○○동 동네시장이었던 곳은 도로가 크게 뚫리고 그 주변으로 높은 아파트들이 생겼고요. 제가 살던 동네는 낡은 집들이 많고 사람도 안 살더라고요. 심지어 제가 다녔던 유치원(학원이었대요)도 빈 공간만 있는 채 없어졌고요. 제가 ○○동에서 살 때가 이제 1990년대 후반쯤. 아버지가 사업을 하셨을 때에요. 그때 사업이 잘 돼서 월급이 400만 원씩 들어오고 그래서 어머니도 엄청 기뻐하셨대요. 내수가 팡팡 돌 때죠. 그러다 아버지가 보증을 섰던 거 같아요. 집에 빨간 딱지가 붙여지고 가족들 다 안 좋은 분위기였다는데 저는 너무 어려서 그때 기억이 없어요.

지금 얘기 듣기로 아버지 빚이 1억 5천쯤 된대요. 그래서 우리 가족들 ○○동으로 이사 온 거고 저는 아버지 어머니랑 같이 자고 부엌 있고 큰누나 작은누나 따로 방에 자고 화장실 있고 그렇게 지금 생각하면 좁은 집에서 살았죠. 지금 어머니나 큰누나가 얘기하면 그때 바퀴벌레가 득실했던 게 너무 싫었대요. 저는 그런 거 별로 몰랐던 거 같아요. 어머니 말씀으로는 저는 유치원도 혼자서 잘 갔고 ○○동 살 때 누나 또래인 우리 옆집 초등학생 형들 그리고 앞집 초등학생 누나랑 유치원 또래랑 같이 (저희가 ○○동 살 때 2층에 세 들어 살았어요. 1층에는 집주인이고요.) 집 앞마당에서 무궁화 꽃이 피었습니다 했던 게 기억나요. 저는 맨날 깍두기였는데 그때 깍두기가 뭔 개념인지도 모르고 그냥 형 누나들이랑 어울려 놀았던 게 기억이 나네요.

제가 초등학교 1학년 때 아버지는 돈 크게 벌겠다고 1년 동안 중동 가서서 기술을 가르쳤다 하시더라고요. 저 초등학교 1학년 때 선생님이 "다른 나라들은 어떤 나라가 있을까?" 이러면 애들은 미국 일본 중국 영국 프랑스 이런 나라를 얘기할 때 저 혼자 "사우디요" 이랬던 거 같아요. 그리고 아버지는 일 끝나면 저녁 때 창문 너머로 헛기침하는 소리를 꼭 내셨어요. 할아버지도 그렇게 하셨대요. 그래서 누나들이랑 저랑 문 앞에서 "다녀오셨어요" 하고 인사했어요.

제 기억으로는 유치원 때쯤에 아버지가 담배 피우셔서 "재떨이 가져와라" 이러시면 갖다 드리고 했던 기억이 있는데 어머니 말로는 어느 순간 끊었다고 해요. 제가 이제 2017년 부평으로 이사 오기

전에 몇 년 전 아버지를 버스 안에서 봤는데 셔츠 주머니에 담뱃갑이 보이더라고요. 그리고 그 바퀴벌레 나오는 집에서 살다가 큰누나가 제약회사 다니면서 돈 벌어서 월세 단독주택에서 ○○동 전세빌라로 (같은 인천 근처에요) 이사했을 때 언제 한 번 옥상에 올라간 적이 있었는데 아버지가 담배를 피시더라고요. 그걸 아들인 저한테 들키고는 재빨리 뒷짐을 지셨어요.

할아버지에 대한 기억은 없어요. 사진 하나가 있는데 서울에서 살 때 할아버지가 한 살 갓난아기인 저를 안고 있는 사진은 있어요. 그리고 할아버지는 돌아가셨어요. 고모나 작은삼촌 말로는 할아버지가 저 엄청 좋아하셨대요. 아버지는 집안 족보를 정리했고요. 제 정공파 종중에 가서 그쪽 할아버지들도 만나시는 것 같더라고요.

어머니는 가정주부로서 돈을 아껴가면서 살았어요. 남부시장 가서 제가 신발 같은 거를 보고 사달라고 했나 손으로 가리켰나 그냥 봤나 기억은 안 나는데 암튼 그러면 돈 없다고 하셨어요. 그래서 어렸을 때 제 입버릇이 "비싸"였던 거 같아요. 그래도 아버지가 컴퓨터 게임 CD도 사 주시고 아버지 친구 분이 초등학교 교장 선생님이신데 그분한테서 축구공도 얻어오고 그랬던 기억이 있어요. 제가 아버지랑 놀았던 기억은 별로 없는데 그래도 기억해본다면 ○○동 살 때 목욕탕 가서 때 다 밀고 제티 초코우유 사 주신 기억이 있고요. ○○초등학교 축구 골대에서 아버지는 골키퍼 하고 제가 축구공을 차는데 제가 시선은 왼쪽으로 하고 오른쪽으로 발로 차 넣으니까 아버지가 왼쪽으로 몸을 움직이셨다가 골이 들어가고 웃으셨던 기억이 나요. 그리고 아버지 친구들 축구하는 곳에 따라간 적도 있고요. 근데 아버지는 축구 같은 스포츠 안 좋아하세요.

그리고 아버지가 할머니 살아계셨을 때 저 초등학교 여름방학 때 시골집에 데려가셔서 할머니랑 같이 있어라 했던 기억이 나요. 초등학교 때 아버지가 방학만 되면 시골로 많이 놀러갔거든요. 메뚜기 잡고 여치 잡고 잠자리 잡고 제가 조금 커서 친척 동생들 있으면 시골집 앞마당에서 동생들이랑 무궁화 꽃이 피었습니다 했던 기억이 있네요. 한 번은 할머니랑 저랑 단 둘이 시골에 있을 때 할머니가 밥을 차려 주시면 호박 같은 거 먹긴 먹는데 저는 라면이나 국수 먹고 싶어 해서 억지로 먹는 티가 나면 할머니가 칼국수 해주시고 밥통에다 라면 삶아주셨던 기억이 나요. 그리고 밤이 되면 모기장 치고 에프킬라 뿌린 뒤에 불 끄고 TV 보면 그때 당시 집에 없었던 케이블 만화방송이나 스타크래프트 게임 해설 방송 있으면 저는 정말 좋아했거든요. 근데 할머니는 연속극 보고 싶어 하셨는데 손자인 저한테 양보하셨던 기억이 나요.

그러고 보니 어머니도 집에서 TV 보면 저한테 채널 많이 양보하셨어요. 제가 근데 어느 순간부터 관심을 가졌던 게 시사정치 뉴스였던 것 같아요. 저 초등학교 중학교 때가 노무현 대통령이 집권하셨을 때인데요, 그분이 멋있게 보이더라고요. 그래서 고등학교 2학년 독서 기록장에다 노무현 자서전 '운명이다'를 그렇게 길게 쓴 거 같아요. 노무현 대통령이 고등학교 1학년 때 돌아가셨는데요, 암튼 고2 때 선생님이 제가 독서 기록장을 쓰니까 생활기록부에 다른 책들은 몰라도 이 책에 대해서만큼은 코멘트를 자세히 달아주셨던 거 같아요.

큰누나 얘기를 해볼까 하는데요. 큰누나 고등학교 친구 중에 애리 누나라고 있어요. 제가 얼마 전에 애리 누나가 일하는 교대역 근처 미용실 가서 큰누나 얘기 듣는데 애리 누나 말로는 큰누나가 고등학교 때 공부를 정말 열심히 했대요. 친구들도 잘 챙겨주고 꼼꼼하고 철저하고 계획적이고 그랬대요. (저는 속으로 로맨티시스트의 전형이었구나 이런 생각해요.) 큰누나도 그렇고 애리 누나도 그러는데 큰누나가 고등학교 때 연극동아리 했던 걸 좋아했다 그러더라고요.

큰누나는 고등학교 졸업한 이후로 ○○대 전산원 들어가서 공부해서 편입해 ○○대 언론정보학과를 갔어요. 큰누나가 꿈이 아나운서이기도 했고 홈쇼핑 쇼호스트이기도 했대요. 큰누나는 편입시험 준비할 때는 고시원에서 살면서 편입학원 다니면서 편의점에서 값싸고 조그마하고 가성비 있는 걸로 끼니를 때우고 편입시험을 준비했대요. 편입시험을 본 뒤로 기운이 빠졌다고 표현해야 할까요?

그러다가 취업해야 하니까 이력서 많이 넣었는데 그중에 제약회사에 입사했대요. 한 4년간은 ○○○이라는 사람 밑에서 영업한다고 고생 많이 했다는데 본사로 와서 마케팅 쪽 업무를 하고 엑셀 다루고 아래 직원들 세미나 워크숍 이런 걸 맡아 하나 봐요. 누나는 지금 회사는 그냥 본인 일이니까 한다네요. 이번에 큰누나가 2019년 9월에 결혼해요. 앞으로 큰매형 되실 분인데 애리 누나 말로는 몸에 핏도 있으신 분이고 마라톤도 즐기고 자기관리 잘하고 화장품 회사 기획팀에서 일하고 있대요. 큰누나랑 큰매형 되실 분이랑 마라톤을 둘이 즐겨한다는 걸 보면 큰누나 큰매형 둘 다 로맨티시스트 성향이지 않을까 싶어요.

큰누나 얘기했으니까 작은누나 얘기도 하고 싶은데 작은 누나는 공부는 잘 못했던 거 같아요. 큰누나 작은누나 고등학생 때 큰누나가 작은누나한테 "너 지금 공부 안 하면 나중에 후회한다" 이러니까 작은누나가 그때는 별로 말 안 듣다가 작은누나가 수능 보고 나서 "아 그때 언니 말 좀 들을걸" 그랬대요. 작은누나는 선생님이 청소년 교육과 유아교육과 고르다가 유아교육과 쪽으로 진로를 잡았고 작은누나도 열심히 공부하면서 방송대 4년제도 따고 가끔 장학금도 받았다 그러더라고요. 유치원 선생님으로 일하다가 작은 매형을 소개팅으로 만났대요.

작은 매형은 매형 아버지 어머니가 이혼하시고 (제가 그쪽을 사돈어른이라고 말해야 하나요?) 어머니랑 줄곧 살아오셨대요. 작은 매형은 아버지가 안 계셔서 뭐든 혼자 선택해왔다고 해요. 더 학벌 높은 데도 붙었는데 등록금이 없어서 군대는 헌병일 하시고 S대학교 가서 전기 분야 공부하시고 지금은 밥솥인가 전자레인지인가 암튼 직함은 과장 맡고 계셔요.

제가 2014년 병원에 입원하고 나와서 정신이 말이 아닐 때 2015년 봄 되기 전 1월인가? 그때 작은누나랑 작은 매형이 결혼했고요 지금 둘은 수원에 살아요. 작은누나는 가정주부로 있다가 근래 다시 유치원 계약직으로 일한다 하더라고요. 제가 작은 매형한테 전화해서 사는 얘기나 아이 갖는 거 여쭤보니 매형은 책임감에 대해서 말씀하시더라고요. 제 생각에 왠지 매형이랑 작은누나는 둘 다 리얼리스트 성향이지 않을까 싶어요. 그래서 속으로 생각하는 게 작은누나랑 작은 매형이 아이를 낳아서 돈을 써야 하는 게 부담된다면 10개 20개 정도 돈 써야 할 것을 질문으로 던져 놓고 하나하나 지워가면서 아이한테 돈을 쓰면 되지 않을까 싶은 생각은 있어요.

큰누나가 언제 한번 자격증 공부해야 하나 얘기하기도 했고 여성들 유리천장 얘기하기도 했는데 암튼 계속 회사에 다니고 싶대요. 큰누나랑 앞으로 큰매형 되실 분이 만약 아이를 낳아서 기른다면 어떤 모습일까 상상해보면 아이 앞에서 서로 말없이 그저 흐뭇한 미소만 짓는 그런 모습이지 않을까 싶어요.

어머니는 주부로 있으면서 방송에서 요리하는 거 나오면 메모를 많이 하세요. 그리고 집안 친척분들 오시면 요리로 정성껏 준비하세요. 어머니가 좋아하는 프로그램은 '맛있는 녀석들'이고 큰누나가 좋아하는 프로그램은 예전에 하던 '무한도전'이었어요. 제가 좋아하는 프로그램은 '신서유기'이기도 하고 '알쓸신잡'이기도 해요. 아버지가 좋아하는 프로그램은 케이블에서 재방송하는 '대조영' '용의 눈물' '태조 왕건' 같은 거요. 특히 '태조 왕건'은 왕건 밑에 능산이라고 신숭겸 할아버지(저희 시조 할아버지)가 나온다고 해서 꼭 봐요.

저는 고등학교 때 토요일 학교 갔다 오면 낮에 '역사 스페셜' 엄청 봤어요. 저 고3 때 '나는 꼼수다'가 나와서 그때 김○○을 알게 되었고 이후 '김○○의 뉴욕 타임즈' '김○○의 색다른 상담소' 보다가 그때 패널로 나오신 황상민 박사님도 알게 된 거예요. 그 외 집에서 EBS 다큐프라임으로는 심리 쪽 많이 봤고요. 제가 여행을 많이 하면서 고등학교 때 수능도 국사 근현대사 세계사 봤거든요? 고등학교 졸업한 뒤로 지하철이나 기차 여행하면서 역사 유적지 박물관 많이 구경했어요.

또 협동조합에 관심을 많이 가졌던 적이 있었는데 그건 아마 수능 보면서 경쟁감이 싫기도 했고 그래서 협동을 했으면 좋겠는데 협동조합의 '협동'이라는 단어가 끌려서 찾아보니 협동조합이 정말 좋은 제도구나 알게 되었고 이게 옛날 조상들 마을에 있었던 계나 두레 향약 같은 거구나 하고 느꼈어요. 역사를 보니까 협동조합에서 민주주의가 파생된 거더라고요. 중고등학교 시절에 막연히 꿈이 대통령이었는데 제가 대통령 되어서 뭘 이루고 싶었을까 떠올려보면 많이들 있지만 모두가 평등하게 부유한 나라를 꿈꿨던 거 같아요.

우리나라 학교 교육도 독일 비스마르크 시절 산업화 역군을 기르던 주입식 암기식 수업이 일본으로 건너와 우리나라에 영향을 주었고 박정희 전두환 때처럼 아버지 세대는 산업화를 이뤄야 했다는 시대적 과제가 있어서 대통령 명령 교육부장관 명령 각 학교에 지식 하달 이래야 했다면 지금은 교육도 민주화가 이뤄져야 해서 영국에 많은 협동조합학교, 학생3 학부모3 교사4의 권력 균형으로 투표를 통해 교장 선생님을 뽑는, 모두가 원하는 교육 시스템으로 가야 한다는 생각을 갖게 되었어요. 그게 아마 언젠가 이뤄지겠죠? 교육 얘기 하니까 하나 더 얘기하면 프랑스 바칼로레아나 유대인 탈무드 하브루타처럼 서로 토론하고 질문하고 생각을 많이 하는 교육으로 가야 한다고 생각해요. 그게 현대 인간인 내가 어떤 인간인가를 찾는 과정인 것 같고요.

저 이번 년도 2월에 가족들하고 황상님 박사님 찾아가서 상담받은 이후로 ○○대 전기공학과 가서 조금 수업 듣다가 남들이 기대하지 않는 행동이 나와서 안산○○병원이라고 정신과의사 K교수가 하는 병원에 들어가서 한 달 반 정도 있다가 약 계속 먹으면서 토익학원 다니고 엑셀학원 다니다가 둘 다 재미없어서 알바 하다가 또 이상한 행동 나와서 입원하게 되었고 또 나왔어요. 물론 저 스스로는 병이 아니라고 생각해요. 확실히. 아직 가족은 못 믿나 봐요. 저 스스로는 왜 그렇게 행동했는지 말로 하면 안 믿어줄 것 같아서 그렇게 말로 풀지 못해서 그렇지만 본능으로 이해한다…… 뭐 그런 거예요. 그리고 이번에 나와서 약 끊었는데 별 탈 없어요.

엄청 얘기했죠? 이제부터 제가 하고 싶은 이야기, 제 고민을 얘기할게요. 우선 아버지 정년 얼마 안 남으셨고 계속 일하시는데 아버지 어머니의 행복한 노후생활이 궁금해요. 제가 허그맘 허그인에서 아버지 어머니 심리검사 한 게 있는데 그것도 파일 올려드릴게요. 내 생각에 아버지는 로맨티시스트 성향 같고 어머니는 리얼리스트 성향 같아요. 그리고 큰누나 큰 매형 앞으로의 행복한 결혼생활, 작은누나 작은 매형의 앞으로의 행복한 결혼생활이 궁금해요. 그리고 저는 정서적 물리적 경제적 독립을 이루고 싶어요.

제가 병원에 있을 때 사실 어떤 여자가 저한테 쪽지를 보냈는데요, 제 생각에는 병원 프로그램 때 가위바위보 한 것밖에 없는데 그분께서 먼저 쪽지를 보내셨어요. 나중에 얘기 들어보니 자기 남자친구가 자살했는데 제가 그 사람인 줄 알았다고 해요. 암튼 쪽지로 결혼해줄래요? 하고 보냈고 저는 제 이름 밝히고 마음이 힘들면 황상민 박사님 추천 드리고 심리극 추천 드린다 했는데…… 그렇게 쪽지가 오가다 보니 (아마 근데 쪽지 오가면서 지금으로서는 별로 생각하고 싶지 않은 말들을 한 것 같아요.) 둘 다 퇴원하고 나서 만났어요. 그런데 그분이 집이 불편하다 하고 피곤하고 졸리다 잠만 자고 싶다 해서 그분이 모텔에 같이 있어주면 안 되겠냐 해서 그러겠다고 했고 모텔 가면 그런 분위기가 날 줄 몰랐고 그분이랑 같이 잤어요. 속초 가서 며칠 있었고요.

그러다가 제가 먼저 가족들한테 밝히기도 했고 또 가려 하니까 가족들도 뭐라 했고 그래서 큰누나한테 미안하다 하고 큰누나 조언으로 그분이랑 모든 연락을 차단했어요. 저도 가족들한테 원망하는 게 제가 원해서 병원 들어간 게 아니라서 앞으로는 제발 병원에 강제로 입원시키지 말라고 하긴 했어요.

그분이랑 나중에 다시 만나거나 결혼 같은 거는 하고 싶지 않은데요. 다만 인간에 대한 예의로서 그분을 설명한다면 자기감정을 팔아서 돈을 벌고 싶어 하는 사람 같더라고요. 황상민 박사님하고 쨉도 안 되는 심리 상담을 한다 하지 않나, 무당을 한다 그러고 점이나 타로, 사주를 봐준다고 하고, 그리고 또 작가라면서 신춘문예 같은 데 당선된 것도 아니더라고요. 그분 글 쓰는 거 봤는데…… 음…… 별로. 근데 그분이 클래식이나 뉴에이지에 조예가 깊고 꽃꽂이도 하셨고 국내 여행도 많이 다니셨고 하긴 해요. 로맨티시스트 같은데 로맨이 잘못 발현된 거 같아요. 그분 얘기 듣기로 열다섯 살 때부터 가출한 경험이 있고 고졸 검정고시 보고 방송대 가서 신화학 공부하고 그랬다 그러더라고요. 그러면서 문학 동호회도 하셨다 그러고. 그분이 사람에 대한 촉은 있는데 뭔가 안타까워요.

그분이 맘에 안 들었던 일들이 있어요. 제가 속초 가서 알바 했던 돈 80만 원을 다 썼어요. 학생이어서 없는 돈 다 썼어요. 뭐 그건 그랬다 쳐요. 나중에 돌아오고 나서 어머니한테 용돈 5만 원을 받았는데 그분이 뭐라 그랬냐면 그걸로 담배 사겠대요. 그 얘기 듣고 아니다 싶더라고요. 그래서 만나지 말자 했는데 그분이 또 연락해서 만나서 모텔 또 갔다가 이번에는 뭐라 그랬냐면 아는 아저씨 만나서 무당 터 잡고 사무실 차린다고 저한테 600만 원을 달라는 거예요. 그러고 큰누나한테 가서 솔직하게 병원에서 만난 얘기하고 누나 조언대로 따른 거긴 해요. 저는 그분 마음에 안 들지만 그분이 인간적이고 도덕적인 성향을 찾아서 자기 자신을 발현할 수 있는 걸 찾고 그렇게 자신이 서면 본인 다른 좋아하시는 분 만나서 사귀시라고 말씀드리고 싶어요.

나중에 작은삼촌 작은엄마 친척동생들 고모 고모부 누나친구 이번 상담을 받기 위해서 만났던 분들도 황상민 박사님 상담을 받게 해주고 싶고요. 저 중학교 때 친구들 중 남자애들은 연락은 되는데 바쁜 것 같더라고요. 걔네들도 상담 받게 해주고 싶고요. 가족들 말하고 이제 제 얘기를 한다면…… 저 폴리텍 하고 전문대 중에 그래도 전문대 가는 게 낫겠죠? 폴리텍은 전문학사 학위를 따는 거고 전문대는 초대졸이 되더라고요. 그래서 엄밀히 취업시장에서 폴리텍은 고졸이에요. 그래도 사람인이나 잡코리아 같은 채용사이트 들어가서 보면 고졸보다 초대졸이나 대졸이 이력서 넣을 데가 많잖아요. 다만 제가 이공계 4년제를 못 쓴 건 제가 고등학교 때 문과여서 지원이 안 되더라고요. 그래서 전문대 중에서 그나마 서울이고 예전부터 있었던 ○○대 전기공학과를 넣었어요. ○○그룹이 세웠다고 하던데. 일단 전문대 들어가서 전공 공부하는 데 토익이나 어학연수는 왠지 안 할 거 같아요. 다만 전공 동아리는 열심히 참여하지 않을까 싶어요. 그러면서 ○○구청역쯤에 직장인 학생 백수 백조 연극 동호회 '멍석'이라고 있거든요? 네이버에 치면 1등으로 떠요. 거기 줄곧 다니려고요. 이제 1년 되는데 제가 신입이라서 작은 연극제라고 신입들 하는 처음 연극이 있거든요? 그거 1년에 두 번 있는데 두 번 다 병원 들어간다고 못했어요. 내년에는 하게요. 정기공연도 하고요. 노는 거죠. 그리고 전문대 졸업하면 폴리텍에서 배울 수 있는 게 있겠지만 편입해서 4년제 가는 건 안 하게요. 토익 공부하긴 싫어요. 자기 장점을 살리면 될 것 같은데 토익 공부는 자기 단점을 보완하려고 애쓰는 기분이랄까요?

전문대 들어가서 저는 될 수 있다면 서울에 가까운 인천이나 부천도 좋은데 구로 금천 쪽에 가산 G밸리라고 있거든요. 거기쯤에 직장 잡고 싶어요. 이게 맞을지는 모르겠어요. 아니면 더 전기 쪽 분야를 열심히 파고들 수 있는 산업단지 산업공단 쪽이 있을까요? 서울권에서 멀어지긴 싫은데. 박사님이 혼자서 하라고 하셨는데 그래도 취업해야 하지 않을까요? 혼자서 하라는 게 어떤 의미인지 모르겠어요. 만약에 취업한다면 기술을 끊임없이 제가 적용 응용 발전 개발 특허 뭐 이런 거 맞을까요? 우리나라에 전기 명장이 딱 두 분 계시대요. 보니까.

앞으로 제가 생각하는 전기 분야 전망은 이래요. 남북 경협이 되고 있는데 도로 철도 깔거든요. 근데 분명 전기 인프라도 깔 거니까 전기 송배전 분야가 뜰 거 같긴 해요. 또 황상민 박사가 말씀하셨던 전기자동차. 제가 자동차과로 가지 않은 이유는 자동차는 내연기관이 절반을 차지하고 그 안에 들어갈 부품이나 기술이 많은데 전기자동차는 배터리 하나거든요. 지금도 자동차 정비시장이 레드오션인데 가뜩이나 수리할 게 없어지면…… 또 자율주행차 나오면 사고율 떨어질 거잖아요. 정비할 일도 없어지죠. 그리고 전기자동차가 자율주행차에다가 나중에 우버나 카카오택시 같은 공유자동차가 되면 차를 소유하는 개념에서 공유하는 개념, 자동차를 핸드폰 월정액 쓰듯이 요금제 내는 개념으로 바뀔 거거든요. 확실하진 않지만 그럴 수도 있다고요. 그래서 지금 페이스북보다 GM보다 전망이 높은 기업이 우버라고 해요. 우리나라로 치면 쏘카일까요?

우리나라 대기업 R&D 투자비율을 보니까 다른 로봇이나 IOT도 있겠지만 전기자동차가 월등히 투자비율이 높아요. 왜냐하면 전세계가 뛰어들고 있거든요. 구글 페이스북 우버 같은 IT 기업들, 애플 삼성전자 같은 모바일 기업들, BMW 아우디 폭스바겐 포드 GM 도요타 같은 글로벌 자동차 기업들. 보니까 우리나라 현대자동차는 지금 R&D 투자도 안 하고 SUV가 대세인데 세단을 내놓지 않나 중국 시장에서 점유율과 수위 점점 떨어지고 게다가 한전부지에다 초고층빌딩 세운다 하지 않나. 자동차 기업인데 부동산 투기를 왜 하는지 그리고 전기자동차에 들어갈 배터리를 파는 삼성 SDS, LG 화학, SK 화학 같은 데가 이 시장에 뛰어든다고 하더라고요.

앞으로 전망을 보니 다보스 포럼에 나온 거 보면 사무, 행정, 제조, 건설 같은 직업은 줄어들지만 공학, 엔지니어, 컴퓨터, 수학에 관한 일자리는 늘어난대요. 하급기술직 중급기술직 상급기술직에서 중급기술직이 사라지고 나머지 두 분야 비중이 늘겠지만 언젠가 하급기술직도 상급기술직에 잠식당하겠죠.

저는 기술로 배워서 먹고산다 해도 일자리 없는 사람들에게 최소한 수당 같은 기본소득은 줘야 한다고 보긴 하는데요. 아니면 복지를 잘하든가. 왜냐하면 1등만 존재하면 세상은 망하니까요. 부루마블 해도 1등만 있으면 게임 끝나잖아요. 그래서 저는 정부가 글로벌기업 대기업한테 세금 감면하지 말고 오히려 왕창 뜯어서 미래세대에게 투자해야 한다고 봐요. 돈만 주는 게 아니라 그들이 자유롭게 원하는 일을 할 수 있는 공부 연구 환경을 만들어야 한다고 봐요. 요새 보니까 일자리 카페 같은 게 있어서 그나마 다행이에요. 학교부터 그래야 하는데. 그리고 전기자동차 배터리 가격이 낮아져서 공급이 확대되면 생산이 늘 거고 휘발유 차는 서서히 사라지겠죠. 현대차 같은 기업이 살아남으려면 자동차를 생산해서 파는 게 아니라 카카오택시 같은 걸 활용해서 택시회사로 바뀌어야 살 거 같은데 말이죠. 물론 그동안 먹던 파이는 작아지겠지만요.

지금 중국은 스모그 대기오염 때문에, 그리고 미래시장을 선도하기 위해서 전기자동차 엄청 투자한다 그러더라고요. 보급률이 높아지고 있는데 우리나라는 아직 전기차 충전소도 많이 없고 (물론 가정에 설치할 수 있어요) 전기차 보급도 안 되어 있네요. 제가 일산 현대 모터 스튜디오 가니까 현대차는 수소차를 밀고 있긴 하던데, 듣고 보면 맞는 거 같긴 하지만 글쎄요. 뉴스도 현대차 수소차 광고 해주고, 전기자동차 배터리 향상은 한계에 달했지만 전력 반도체로 충분히 전기 효율을 높일 수 있다고 봐요. 배터리가 사람 심장이라면 전력 반도체는 근육 같은 거랄까. 뭐 제가 마치 전기 쪽 전기자동차 쪽 반도체 전자 통신 쪽 공부하는 거를 마치 여행하듯이 공부하면 되지 않을까 싶어요. 혹시 조언해주실 수 있는 게 있을까요? 박사님 얘기도 듣고 싶어요.

마지막 하이라이트. 제 짝은 누가될까요? 언제쯤 만날 수 있을까요? 제가 원하는 사람일까요?

음, 정리하자면 이번 상담에서 가족들과의 앞으로의 윤택한 삶, 저의 대학 생활이나 진로 조언, 그리고 제 짝에 관해서⋯⋯. 내 집 마련은 어떻게 해야 할까요? 제가 꿈꾸는 이상적인 주택은 사회주택, 공동체주택, 협동조합주택, 셰어하우스, 코하우징이긴 한데. 그냥 취업하면 월세 전세 할 순 있겠는데, 나중에 집을 살 때 제가 원하는 집을 살 수 있을까요? 저는 아버지 어머니 슬하에 있었던 세 남매가 아니라 아버지 어머니, 큰누나 큰 매형, 작은누나 작은 매형,

그리고 저랑 나중에 신부가 될 사람. 네 짝의 구성원으로 탈바꿈해야 한다고 보거든요. 가족, 나, 짝, 집.

좋은 상담 부탁드립니다. 시간 넘게 흘러서 추가 차지해도 상관없어요. 이번에 아마 어머니랑 큰누나랑만 같이 온 것 같아요. 큰누나는 제가 왜 이상한 행동을 했는지에 대해서만 관심을 갖는데, 저는 그딴 거 상관 안 하고요. 큰누나가 왜 그렇게 행동했는지 물어보면 자세히 말씀해주세요. 혹시나 부족하게 정보 드린 게 있을까 싶어서 말씀드리는데, 지금 살고 있는 집은 큰누나가 산 거예요. 앞으로 어머니 아버지가 사실 집이 아마 지금의 집인 것 같아요. 저는 나가서 독립하겠죠. 여기까지입니다. 저의 가치관은 사랑 꿈 낭만 이상 그리고 영원함입니다.

조현병 환자로 변신한 철군과의 네 번째 만남
(4차 상담 전에 보내온 사연, 2020년 2월)

황상민 박사님. 저 ○○○ 제가 아마 전파무기에 걸린 것 같아요. 어떡하죠? 그리고 저희라고 표현할게요. 680명 정도가 맞는지 모르겠지만 걸린 것 같아요. 근데 괜찮나요? 이거 한 번 걸렸는데 못 벗어날지도 모른다는 생각이에요. 그래서 저 조현병 아닌 거 아는데 이거 못 벗어나서 계속 제대로 된 일상을 살지 못하는 거 같고 실제로도 그래요. 그리고 가족들이 저 조현병 아닌 거 안 믿어요. 어떡하죠? 마지막으로 저의 진로와 관련해서 말씀드리는데 기술이라고 하셨고, 저 전문대 갔잖아요. 그 이후로 또 병원 신세졌어요. 편입할까요? 아님 초대졸로 취업? 김모 씨 욕심은 편입인데 이런 머리로 될지…… 아님 폴리텍 가야 하나.

이런 사고를 갖게 된 건 전파로 많은 분들과 소통한 거 같은데 실제로 어떤 건지 모르겠어요. 제가 한 번도 서로 보지 않았던 이름의 김 모 씨와 조 모 씨의 이름 같거든요. 그리고 이분들이 블로거, 연극협동조합, 건축협동조합을 얘기해서 (많은 분들인지 두 분인지 모르겠지만) 저 독이 든 성배를 마시는 느낌인 영감을 받았고 올라왔어요. 협동조합 모바일 툴, 연동 툴, 롤즈 툴, 닭금통, 개홈씨어터, 돼지숭늉, 세종대왕연극, 라콜라, 삼성 폴더폰 광고 (2개는 다른 분 꺼) 등이 있었는데 이걸 실현하려고 노력하는 게 나을지 기술 명장의 삶을 사는 게 나을지 모르겠네요.

근데 마지막으로 조현병 벗어나는 방법을 이분들이 알려주긴 했는데, K교수라는 의사를 전적으로 믿는 우리 가족들 때문에 좀 그런 게 있어요. 의사가 피검사를 3월 10일까지 하겠대요. 그 뒤 3월 말에 소견서로 병원을 옮기라는 게 저랑 교신(?)하는 분들의 말씀이에요. 그렇게 해결하래요.

문제는 아침에 정말 안 일어나지고 맨날 오후 2시쯤에 일어나지고 생활에 실천이 잘 안 되는 느낌이 있어요. 수학문제 풀려는데 앞쪽 머리가 막힌 느낌인 게 이분 중 남자 분(김 모 씨)이 꽉 막아서 그런 거 같은 느낌이라 수학 문제가 안 풀리는 게 있고, 자연스러운 제 감정으로 사람들과 얘기하는 게 어설프고 어색하고, 또 맨날 밖에 싸돌아다니는데 제가 생각하고 제가 꾸려나가는 삶이 되지 못해요.

작년 가을쯤 정신과 두 번 들어갔는데 들어가서 컴퓨터로 프로그래밍해놓은 거 같은 헛것(이건희 회장인 듯한 것 이외 나머지도)이 보였고요, 겨울에 맨발로 3~4도 동상 걸릴 정도로도 뛰고. 여태까지 병원 여섯 번 들어갔네요. 저의 문제를 뭐로 얘기할까요? 더 쓰고 싶은데 잘 모르겠어요.

그러고 보니 조직 스토킹이 있었어요. 박사님 상담 두 번 받고 좋아하는 애 만나려고 약속 장소에 나오라 했을 때 안 나왔다고 저번 상담에서 말씀을 드렸는데 사실 안 나온 것도 있지만 몇몇 사람들이 가짜 연극하는 느낌이 있었거든요. 그리고 이상한 생각들이 나면서 결국 남들이 기대하지 않는 행동을 했고요. 지금 생각하니 조직 스토킹인 것 같아요. 왜냐하면 제가 좋아했던 애 핸드폰 카톡 사진을 보면 합성한 듯한 프로필이 있었고요. 핸드폰이 100퍼센트 충전됐는데 갑자기 15퍼센트로 떨어지거나 꺼지거나 그랬고 그때는 가족들을 의심한 경우도 있었는데, 핸드폰 번호를 바꿔서 그랬나 싶어요. 아님 약을 먹어서인가.

지금은 그리고 Voice to Skull(V2K)이 있는 것 같아요. 병원에 있을 때 A4 용지랑 신문지 얻어서 혼자 중얼중얼거리면서 낙서 많이 했어요. 혼자 중얼중얼했다 하지만 그때도 V2K 걸린 것 같았고. 이게 다 뭔지 괴롭습니다. 도와주세요. 만약 박사님 만나서 얘기하면 다중 인격자처럼 남성분 김 모 씨 여성분 조 모 씨가 같이 얘기할지도 몰라요. 제 안전은 괜찮을까요? 중학교 때 애들은 이미 옛날 얘기가 되었고. 조현병 아닌 거 알지만 병, 그리고 나쁜 기계 텔레파시로부터 벗어나고 싶은 마음이 있어요.

또 한편으로는 저의 진로인데 제가 하고 싶은 대로 안될 것 같아요 뭐든지. 사랑도 사치가 될 것 같고, 가족들은 저 병자로 생각하고 큰누나 결혼식 날까지 이 사람들 때문에 가족들이랑 싸웠어요. 의문인 것 더 든다면 맞을지 모르겠지만 싸울 때 집 불이 꺼지고, 또 언제 한 번은 버스 카드 충전하는데 충전이 안 되고. 모르겠어요. 너무 뇌에 화학적 느낌을 받아서인가 모르겠고. 내 집 마련은 이분들이랑 얘기하면 2000/30 안쪽으로 보증부 월세 투룸으로 어떠냐고 하는데 소행주 얘기도 하고 그랬고요. 돈 조 교수님? 아이젠타워 교수님? 없는 분들인 것 같은데 모르겠어요. 양자 컴퓨터인가 생각도 하고 자유로워지고 싶어요. 아마 지금 저의 가치관인지 모르겠지만 나눔, 실천, 소망, 희망, 이상하다. 분명 협력, 이타, 자유, 관심, 존중이 될 줄 알았는데. 낙서한 게 있거든요. 아마 조 모 씨가 썼나요? 그렇다네요(저도 쓰면서 느낍니다). 황상민 박사님의 지혜로운 상담 부탁드립니다.

P.S. 진짜 효과 있었으면 좋겠어요. P.S.2. 나도요.

∗ ∗ ∗

김태선도 조미선도 제대로 살기 바라고 철 씨도 제대로 살기
바라요. 저희 680명이라 했는데 없고요. 저는 ○○철이고요. 언제
한 번 떠오르는 생각이 있었는데 창ㄴㅊ, 조ㅈㅍㄹㅂ, 사ㅇㅂㄱㅎ,
경ㅊ, 정ㅅㄱ, 이외 국ㅈㅇ이 떠오른 것 같아요. 아무래도 병원이나
지구대 자료가 넘어간 것 같아요.

김태선도 ○○철 따라가야겠다는 마음으로 기계를 조종했다는
데 몸속으로 ○○철 영혼이 들어왔다 해요. 김태선도 신준철도. 저
○○철의 집에서 밑에 층 위에 층 누군가 있는 느낌도 있었고. 병원
에서 패턴화는 뭐고 점프하는 건 뭐고 박수치는 건 뭐고…… 그리
고 어떻게 24시간 동안 떠들 수 있는지. 안 잔대요. 조유리=조미선
=조선미. 김태선=김선태=김건소. 어떤 기계가 있나본데 껐다 켰다
하나요? 한대요. 클린턴정부 시절 청문회 국정 조사에서 나왔던 한
소녀의 MKUltra 계획이 연상되네요. 영혼이 빙의(?)되는 듯한 느낌
이 입원했을 때 있었는데 그게 주민등록증 등록할 때의 지문을 통
해서 간섭이 된다 하네요. 이제 앞으로 어떻게 살아야 할지 막막해

요. 도와주세요. 어떻게 알려주시기라도 해주세요. 밤새 며칠을 안 들어가고 계속 걷기만 한 적도 있어요.

P.S.3 저 조미선인데요. 저 사창가 여자인데 저도 상담 좀 받아도 되겠죠? 언젠가 갈게요. 그리고 김태선이랑 조미선이랑 같이 있는 것 같은데 김태선 주식 잘못해서 -290억 원 있대요. 그래서 제가 영감 떠올랐을 때 김태선이 그걸로 특허랑 주식 정보 얻으려 했어요. 근데 제가 협동조합 얘기해서 주식하지 마라 했고, 특허는 모르겠네요. 얘 어떻게 했는지. 등록 안 되었다네요. 나이 밝혀도 되지? 응. 김태선은 38살이래요. 김태선. 네 얘기도 해야 할 것 같은데?

아니야, 내 얘기 하지 않을 거야. 아…… 제 얘기를 하자면요.

그럼 저 조미선 얘기 할게요. 얘 한다고 해놓고 또 안 하고 왜 그러냐면 믿음이 없어요. 제가 알기로 얘 부산에서 어머니가 건어물 장사 하시고 아버지가 조직에 몸담으신 분 같은데 저는 얘 동네 누나예요.

그런데 얘가 서울로 올라갔을 때 저도 지방에서 올라와서 같이 합숙을 하는데 얘가 글쎄 전파무기를 샀다지 뭐예요. 그래서 이게 뭐냐 해서 걸린 게 21년 전이네요.

그럼 신준철은? (다른 분들이 있어요. 지금 제 얘기 계속하라고.) 제 얘기 하자면 저 자폭하고 싶은 심정이었어요. 근데 ○○철이가 걸렸는데 걸리고 난 이후로 얘는 무슨 웃고 있는데 준철이 상담 먼저 부탁드리고요 저 갈게요 조만간 무슨 얘기를 써.

검사해보라고? ○○철이가 다 쓰고 하라는데 맞을까? 아니.

우선순위 얘기하니까 짜증 나지만 정체성 먼저 얘기했어야 하는지 모르겠네.

우선순위 얘기하자면 너야 ○○철.

김태선인데…… 얘는 안 해. 그럼 할 수 있는 게…….

그래, 남한테 자기 얘기 하기도 싫을 거야. ○○철이 건드렸네 결국.

철이 상담으로 해주세요. 우리 갑니다. 우리는 22명이고요 대표로 언니가 얘기할게요. 저희 강남 칠성파로 알고 있고요. 다만…… 응. 끝. 우리가 얘기하면 너 ○○철 절대 여기 바닥에 몸담지 마 알았지? 하고 싶은 얘기는 많아. 근데 너 잘 살아갈 수 있겠니? 모르겠지. 알았어. 일단 가보자.

김태선인데 너 족칠 거야.

김태선 아빠는 28년형 나왔답니다. 여기서부터는 저희들이 적을게요. ○○철이는 모르는 얘기인데 아마도 피경은이 왜 자꾸 나오면 김태선한테 조 모 씨가 피경은인 거 같거든. 아마도……(○○○은 ○○철이 좋아했던 애 말고, 좋아했던 애의 친구) 그리고 ○○은 없어요.

그럼 피경은 없고 조 모 씨가 ○○은이면 어떨까?

김태선이지? 응. 내가 적었어. 나 김태선.

죄송합니다. 박사님.

저 김태선 애비. 김형석입니다.

김형석인데 저희 아버지 어머니가 불러준 이름이 김형석이고 조직에 몸담아 있을 때는 김시창이었고 지금은 교도소에서 적어주네요. 저의 얘기를 이제 그만 이런 범죄 인생을 져버리고 싶은데 그게 뭘까 고민이기도 합니다. 정말 상담이 될까요?

고맙습니다, ○철군.

: 하니 이야기

약으로 마음을 죽이다

본인의 의지와 상관없이 조현병 약을 복용해야 했던 한 젊은이 '하니(가명)'의 경우는 정신병과 정신병약에 대한 우리의 막연한 믿음에 의해 한 젊은이가 어떻게 조현병 환자로 변신해가는지를 보여준다. 이 사례는 '하니' 씨의 마음이 그림으로 표현되기에 정신과 의사에 의해 '조현병'으로 쉽게 진단받을 수 있는 사람들의 마음이 얼마나 다른 모습을 가질 수 있는지를 확인해볼 수 있는 기회를 제공한다.

다음의 '하니 양의 WPI 프로파일'이라고 표시된 그래프는 '마음의 MRI'처럼 사용되는 심리검사 결과로 하니 양의 마음을 나타내고 있다. 이 프로파일을 통한 하니 양의 심리상태는 다음과 같이 해석될 수 있다; 그녀는 전형적인 '로맨티시스트-매뉴얼'[2] 성향의 감

---

2   127쪽 참조.

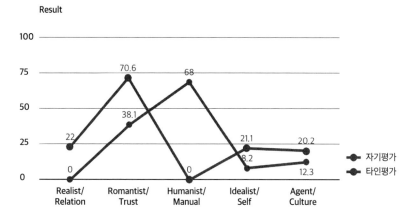

◇ '하니' 양의 WPI 프로파일

수성을 잘 보여준다. 예민하고 섬세하지만, 현재 자신이 처한 상황에서 어떻게 해야 할지 나름의 해법을 간절히 찾고 있는 유형이다. 동시에 그녀가 느끼는 불안과 두려움, 그리고 자신이 나름대로 정해진 규범이나 틀 속에서 본인의 역할을 끝까지 수행해야 한다는 책임감까지 아주 두드러지게 나타난다. 이런 마음은 그 자체로 현실 생활이나 조직 활동 등을 잘 수행해나가기 어려울 거라는 특성을 보여준다.

조금 더 구체적으로 WPI 프로파일 해석을 통해 그녀의 마음의 아픔, 삶의 문제를 추론해보면 다음과 같다; 자기평가에서는 로맨이 가장 높고 그 뒤를 리얼이 따르고 있다. 반면 타인평가에서는 매뉴얼이 가장 높고 그다음이 트러스트다. 자기평가의 휴먼, 타인평가의

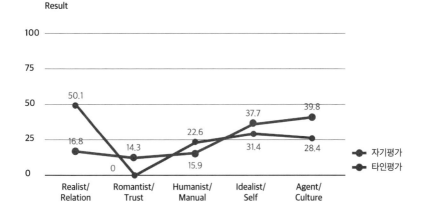

◇ 3개월 후 다시 검사한 하니 씨의 WPI 프로파일

릴레이션은 놀랍게도 제로이다. 높고 완벽한 기준을 세워놓고 뭔가를 하려고 하지만 막상 자신이 조금씩 해나가는 것이 너무 초라하고 별거 아닌 것 같이 느껴져서 계속할 의욕을 갖지 못하게 된다. 무엇보다 주어진 삶의 과제와 역할에 충실해야 한다고 생각하지만, 정작 그것이 정확하게 무엇인지 또 자신이 그것을 잘 해낼 수 있는지에 대한 믿음은 약하다. 이 경우, 트러스트가 로맨의 성향에 비해 얼마나 갭이 있느냐 하는 점이 '로맨-매뉴얼' 성향의 사람이 가진 삶의 무게와 혼란의 정도를 알려준다. 이들에게 삶의 의무와 책임은 버겁고, 떨쳐버릴 수 없는 괴로움이다.

하니 양은 상담 이후 몇 개월의 시간이 흐른 뒤 다시 나타났다. 그 사이 가족에 의해 정신병동에 강제 입원을 당했었고, 그 뒤로 약을 복용 중이라고 했다. 두 번째 프로파일은 하니 양이 약을 복용 중인 상황에서 검사한 결과이다.

여기서 확인할 수 있는 마음의 MRI는 원래의 성향과 완전히 다른 '에이전트-아이디얼'이면서 릴레이션 성향까지 보인다. 병원이라는 상황에서 다른 사람들과 어울리기 위해 본능적으로 애썼던 정황이 눈에 들어온다. 특히 첫 번째 프로파일에서 제로였던 자기평가의 휴먼과 타인평가의 릴레이션이 상승했는데, 릴레이션의 경우 '0 → 50.1'의 놀라운 편차를 보여준다. 이것은 약을 먹기 전의 수줍어하며 감성적인 성향의 사람이 아닌, 마치 열정적인 로마 병정과 같은 모습으로 자신을 인식하고 있었음을 드러낸다. 정신병원의 폐쇄병동에 2주일 입원했던 경험과 그 이후 복용하게 된 약이 하나 양의 마음을 매우 극적으로 바꿔놓은 것이다. 감성적이고 소심한, 그리고 타인에 대한 무관심에 가까운 본래 성향이 사라지고, 마치 자신만의 세계 속에 있으면서 적극적으로 다른 사람의 관심을 갈구하는 새로운 마음을 가진 사람처럼 변화한 것이다.

그림으로 마음을 살린다

하니 양은 얼마 전부터 일기 쓰듯 그림을 그리고 있다. 예술고등학교에 다니며 그림을 전공해서 그런지 본인이 좋아하는 스타일도 매우 확고해 보인다. 어쩌면 피카소나 마티스 류의 그림들이 하니 양의 마음에 강하게 어필한 것일 수도 있다. 각기 다른 스타일로 그린 하니 양의 그림을 보면서 각기 다른 양상으로 한 사람 속에서 다양하게 표현되는 다양한 정체성을 확인해볼 수 있다고 해석할 수도 있을 것이다. 하지만 자신의 마음을 이런 그림으로 표현할 수 있다면, 그 마음을 알고 이해하지 못하는 주위 사람의 잘못이지 그 사람이 병에 걸려 치료받아야 하는 상황이라고 생각할 수는 없을 것이다.*

---

* 편집자 주: 이렇게 직접 자기 마음과 생각을 그림으로 표현할 수 있고, 또 자신의 그림을 잘 설명해주는 소개글을 쓸 수 있는 사람에게 왜 '조현병'이라 진단하고 약을 먹이며 강제로 입원을 시켰던 것일까? 이 책의 편집자로서 강한 의문이 들 수밖에 없다.

◇ 내 마음의 아픔, 비밀을 알고 싶어요.

◇ 야단치시진 않을까 걱정하며 첫 상담을 갔을 때, 온화한 미소를 잃지 않으시고 정확하게
저의 마음을 읽으시는 박사님과의 만남이 잊히지 않는다. 방송에서 보던 모습과는 또 다른
박사님을 만나뵐 수 있었다.

◇ 약을 끊고서, 내 주변에 일어나고 있는 상황이 궁금해졌다. 세상이 다르게 보이고 안 보이던 것들도 보이기 시작했다. 이건 꿈은 아니겠지.

◇ 내 기분은 수시로 바뀐다. 다른 사람이 봤을 때 '쟤 뭐야' 하는 경험은 한두 번 있던 일이
아니다. 내 감정을 알아주지 못하는 느낌을 받을 때 자책하고 또 자책했다. 위축된 마음으
로 지냈다.

◇ 어떤 이는 나를 '미친놈'이라고 했고, 가족도 나를 비정상으로 생각한다. 정신병원에 입원해
 서야 나는 진짜 미치광이가 된 것이나 다름 없었다.

◇ 그들에겐 내가 마음에 안 드는 행동이나 말을 할 때 나를 정신병자로 만드는 게 그들 손을
　더럽히지 않고 가장 쉽고 간편하게 처리할 수 있는 방법이었을 거다.

◇ 정신병원에서 퇴원하고 나서 일주일에 한 번씩 가는 정신과에 가기 하루 전은 내내 우울한 기분이 든다. 내가 우울증이라서가 아니라 기분이 그렇다. 도대체 약을 먹이는 진짜 이유는 무엇일까?

◇ 나는 누구인가, 어떤사람인가. 마음을 있는 그대로 들여다보는 일은 나한테 신이 나고 두려운 일이다. 또 혼자서는 불가능했던 일이었지만 박사님과 선생님이 있기에 가능한 일이 되었다.

◇ 다양한 내 모습을 사랑할 것이다(희망).

◇ 잊고 싶은 기억이기도 하고 절대 잊고 싶지 않은 기억이다. 그것만큼 고통스러웠던 적이 없었기 때문이다.

◇ 내 안의 여러 가지 나의 모습을 인정할 수 있을 것 같다. 비록 약은 먹고 있지만 약을 끊고
오롯이 '나'라는 인간으로 설 수 있을 때까지 노력하고 감사하는 마음을 가질 것이다.

◇ 내 마음을 아는 것이 나의 삶에서 일어나는 어떤 비밀을 알려줄 것이라 믿는다.

로맨티시스트-매뉴얼이란?

전형적으로 '로맨티시스트-매뉴얼' 프로파일의 사람들이 보이는 특성은 다음과 같다. 누군가가 자신의 마음을 들어주고 이해해주기를 바란다. 하지만, 자신의 마음을 드러내는 것에 미숙하며, 관계문제가 생기면 쉽게 긴장하고 불안해한다. 일반적으로 대인 관계에서 스트레스를 많이 받는다. 사람들을 자연스럽게 대하지 못하고 상당히 긴장한다. 심한 경우에는 일상적인 대화도 힘들다.

자신의 문제에 대한 해결 방식이나 정답을 미리 정해두고 있다. 직장 생활이나 연애, 대인관계 등에서 이상적으로 생각하는 자기 이미지가 분명하다. 문제는 다른 사람들이 자신의 기준에 맞추거나 또는 최소한 맞춰주어야 한다고 믿는다는 점이다. 하지만, 자신이 원하는 바를 타인들이 이해하는 방식으로 표현하지 않기에, 남들이 이 사람의 마음을 정확하게 알기란 힘들다. 이런 경우, 남들이 자신을 이해해주지도 않고, 받아주지 않음에 서운함을 느낀다.

누군가의 도움이나 상담이 필요하다고 생각한다. 하지만 본인은 정작 그런 도움을 받아들이기는커녕 소위 '답정너(답은 정해져 있으니 너는 답만 말해)'와 같은 마음으로 반응한다. 삶에서 높은 도덕적 기준과 의무감을 가지고 성실하게 살아가려 한다. 개방성이 낮은 것처럼 보이며, 답답하다는 인상을 준다. 누군가 조언을 하거나 해결책을 제시하더라도 그것을 부정하거나 쉽게 받아들이려 하지 않는다.

외부의 규범이나 의무감에 의해 스스로의 세밀한 감정을 스스로 무시하거나 억압하려 한다. 특히, 낮은 관계(relation)를 보이는 경우, 주변 사람들과 소통이 잘 되지 않으며 심한 외로움을 호소한다. 대부분의 경우, 피해의식이나 우울감을 자주 느끼고, 현재 자신의 삶을 더 고통스럽게 생각한다.

뭔가를 해야 한다고 생각해서 시작하지만, 잠시만 하고 말 뿐이다. 작심삼일로 끝나는 경우가 대부분이고, 또 이렇게 끝난 것에 대해 스스로 자책한다. 지금 뭔가가 제대로 되지 않는다고 불안해한다. 이런 걱정하는 마음이 크기 때문에 스스로 엄청나게 자책하고 자기를 비하한다. 자신을 아주 높은 기준의 사람과 비교하며 자기를 비하하면서 상황을 악화시키거나 회피한다.

자신이 숨기고 싶은 또는 자신이 스스로 부족하다고 생각하는 부분에 대해 지적을 하면 엄청난 짜증과 공격성을 나타낸다. 셀프가 떨어지는 경우에는 삶의 에너지 수준이 낮아 아무것도 하지 않고 지내는, 소위 '귀차니즘' 대가의 모습을 보인다. 상태가 심각해지면 밖에도 안 나가고 아무도 안 만나며 지내는 히키코모리 같은 생활을 한다. 자신이 부당한 대우를 당했다고 생각하면 끝까지 따지는 모습과 달리 스스로 이런 감정을 스트레스로 받아들이면 신체 증상을 호소한다. 불면증이나 우울감을 느끼고 정신과 진료를 받는 경우가 많다. 불면증, 편두통, 어지러움, 소화불량, 관절 통증, 거식증(식이장애), 갑상선 기능저하(항진) 등 다양한 신체증세를 호소한다. 힘든 가정환경, 학교나 조직생활에서 왕따 경험도 많으며, 여유롭고 좋은 환경에서 성장한 경우라도 공주, 왕자가 항상 긴장하고 예민하게 반응해오듯 그와 비슷한 어두운 역사를 가지고 있다.

현재 이런 성향의 사람에게 가장 필요한 것은 무엇보다 자신의 가치와 존재를 긍정적으로 인식하는 것이다. '벼랑 끝에 서 있는 자신'을 인정하고 사랑하는 마음으로 받아들여야 한다. 자신만이 자신을 구제할 수 있는 유일한 사람이라고 인정해야 한다. 자신의 존재의 이유와 변화의 구체적인 과정을 분명히 인식해야 한다. 매일매일 자신을 칭찬하고 격려하는 방식에 익숙해져야 한다.

약물 치료의 신화

: 조현병 치료

조현병 치료 활동에 던지는 질문들

    마음이 아픈 원인이 무엇인지 정확한 이유도 모른 채 4년 반 동안 치료를 받으며 오히려 '정신병 환자'가 되고 말았던 K군과 그의 어머니! 자신의 생활을 어떻게 해야 할지, 삶을 어떻게 만들어가야 할지 모르는 상황에서 발작적으로 발생한 폭력적인 행동. 그것으로 인해 정신병원에 입원하게 되고, 이후 무조건적으로 약을 먹고 지내는 생활을 하게 된 젊은이 K군. 그는 처음에는 자신의 마음의 아픔, 생활의 문제로 힘들어 했지만 이후 그 아픔은 자연스럽게 자신의 몸의 아픔으로 바뀌게 되었다. '조현병'이라고 진단받았을 때는 어쩌면 자신이 겪고 있는 '마음의 아픔'에 대해 의사가 원인을 파악한 것이라고 믿었을지도 모른다. 하지만 그 정신과 의사는 아픈 마음의 정체나 그 원인이 무엇인지를 알려주기보다 그 아픔의 이유를 몸의 병, 뇌의 이상, 신경회로의 이상, 신경전달물질의 문제라고 보았다. K군이나 철군 같은 젊은이들의 이상행동, 증상들이 모두 뇌의 이상,

신경계의 이상으로 나타났다고 믿고, 그 믿음을 근거로 '조현병'이라고 이름 붙인 것이다. 그리고 이것을 '병의 진단'이라고 한다. 정신과 의사에 의해 이루어지는 진단은 대개 이런 과정을 거친다.

K군의 경우, 스스로 자신이 겪고 있는 경험이나 상황을 판단하거나 생각해보는 것이 어려웠다. 사고나 인지 기능에 장애가 있어서가 아니라 부모에게 의존적이며 또 아주 예민한 감성의 소유자였기 때문이다. 좋게 말하면 너무나 착하고 감성적인 아이였던 탓이다. 이런 상황에서 무엇보다 필요한 상담은 K군이 자신의 상황을 '성찰'하면서, 자신의 생활을 스스로 관리하고, 또 부모와 조금 더 독립적으로 생활할 수 있도록 도와주는 것이어야 했다.

그런데 누구보다도 심하게 마음의 아픔을 겪은 K군은 이것을 자신의 '몸'의 문제로 규정하는 상황을 순순히 받아들이고 있었다. 인터뷰를 하는 당시의 상황에서 K군의 상태는 약에 의해 몸의 많은 기능이 좌우될 뿐 아니라 약의 부작용 때문에 다양한 신체 증상마저 보이고 있었다. 어떤 증상이나 상황이 약에 의해 발생한 것인지 확인하기 위해, 또 과거 조현병 증상이라고 의사에 의해 진단되었던 행동들이 어떤 배경에서 어떤 이유로 도출된 것인지를 확인할 필요가 있었다. 이런 경우, 어떻게 확인할 수 있을까?

그것은 바로 이 전체 상황에 대해 다양한 질문을 던지는 것이다. 그렇다. 정신병이라 진단받고 나름대로 마음과 몸의 아픔을 모두 겪고 있는 사람의 문제 상황을 파악하기 위해 정말 필요한 것은 이런 일이 어떤 상황에서 어떻게 일어났는지 파악하는 것이다. 그 질문들은 다음과 같다.

Q1. 누군가의 남다른 행동을 정신병 증상으로 치부해버리고, 누군가의 삶을 정신병으로 진단하는 일은 어떻게 일어나는 것일까?

Q2. 자신의 몸이 아프다고 느낄 때 우리는 병원에 간다. 그렇다면 자신의 마음이 아플 때, 또는 자신이 사람들과 제대로 편안하게 생활할 수 없는 상태일 때, 우리는 누구로부터 어떤 도움을 받으려 했을까?

Q3. 마음이 아파 정신병원에 갔는데 정작 병원에서는 내 마음의 상태나 아픔을 다루지 않고 곧바로 약으로써 몸을 통제한다. 그럴 경우 환자 가족들은 이에 대해 어떤 질문들을 던지는가? 아니면, 의사나 전문가라는 사람들의 말에 그대로 따르는가?

예를 들면 다음과 같이 한 번 더 구체적으로 물을 수 있다.

의사 선생님, 저의 마음이 어떻게 된 것인가요? 약을 처방해주시는데, 그 약은 저 마음의 아픔에 어떻게 작용하나요? 현재 저의 마음에 어떤 문제가 발생한 것인지요? 이것을 병이라고 한다면 처방해주시는 그 약이 제 마음의 아픔, 제 마음의 문제를 어떻게 치료해주나요?

흔히 병원에서는 '정신병을 치료한다'고 말한다. 하지만, 정작 그 치료란 것은 뇌의 작용에 영향을 미치는 화공약품을 통해 환자가 보여주는 정신병의 증상을 억제시키는 활동에 불과하다. '약효가 있다'고 하는 것은 더 이상 환자가 문제시되는 행동들, 즉 폭력성, 환청, 환각, 망상, 불면, 또는 발작적 행동 등을 보이지 않는다는 것에 지나지 않는다. 이것은 문제가 되는 행동을 치료한 것이 아니라 발작적이고 공격적인 행동이 드러나지 않게 한다는 뜻이다. 정신병이라고 막연하게 추측할 수 있는 증상들이 더 이상 뚜렷하게 눈에 띄지 않도록(masking) 한다는 것으로 이는 곧 의료진이 환자에 투여한 약물에 의해 환자의 행동이 억제된 상황임을 말한다.

정신병, 특히 조현병 환자들이 보이는 병의 원인은 사람들마다 다르다. 너무나 다양한 이유로 발생하고 있다. 왜 그런 증상이나 행동들을 보이는지에 대해서는 현재의 과학 수준에서 전문가들 역시 잘 알 수 없다. 그런데도 의사들은 약을 처방한다. 조현병이라 진단받은 환자들은 사실 그들이 누구에게나 분명한 병인 '조현병'을 체험하는 것이 아니라 '조현병이라고 믿어지는 다양한 증상'을 보이는 것뿐인데도! 따라서 이 지점에서 환자나 가족 모두 의료진에게 이렇게 물어야 한다. "선생님, 이 환자의 이런 문제 행동, 병이라고 진단하게 된 증상들은 왜 나타난 것인가요?" 하고 말이다. 혹시, 이런 질문에 대해 의사가 불편하게 반응하거나 너무나 당연하게 대답한다 하더라도 꼭 물어보아야 한다. 특히, 전문적인 용어를 사용하면서 병의 원인에 대해 친절하게 설명하는 의사분이 있다면, 그분에게 혹시 약을 먹지 않고 환자의 증상이 나타나지 않게 하는 방법이 있는지 꼭 물어보아야 한다. 하지만 그 의사분이 어떤 반응을 보이든, 그분들은 모두 환자의 문제나 증상들은 '뇌, 신경회로, 신경전달물질'의 문제 때문이라고 이야기할 것이다. 정말 환자의 증상의 정체나 문제를 잘 알 수 있기 위해서는 이 경우 잘 모르는 단어들에 주눅 들지 말고 다시 꼭 물어야 한다. "무엇으로, 어떤 검사 결과나 단서로 선생님은 이 환자의 병이 뇌, 신경회로, 신경전달물질의 문제라고 설명하시는 건가요?" 하고 말이다. 충분히 친절한 답을 듣지 못할 수도 있지만 이렇게 질문하면 약을 사용하는 것이 환자에게 어떤 도움이 되는지 확인할 수 있다. 한편으로는 무조건적으로 약물 중독 상태에 빠지지 않을 가능성 또한 찾아나갈 수 있다.

다른 것은 틀린 것이 아니다

조현병이라고 진단받는 사람들은 어떤 특성을 가졌을까? 어떤 특성이 있기에 남들보다 쉽게 조현병으로 고통을 받게 되는 것일까? 이런 질문들을 던지기 전에 "조현병이 '병'인가요?" 또는 "이 병은 정말 어떤 이유로 발생하나요?"와 같은 질문을 해야 할지도 모른다. 하지만 안타깝게도 이런 질문조차 명확한 것은 아니다. 마치 "인간은 왜 세상에 태어나 행복하게 살기보다 아프고 힘들게 살아야 하나요?"와 같은 유형의 질문이기 때문이다. 이런 이유로 조현병이라는 진단을 받게 되는 사람들은 분명 복잡한 현대 사회 속에서 독립된 개인으로 살아가는 데 많은 어려움을 느끼는 사람들이다. 당연히 피로감도 훨씬 더 많이 느낄 터다. 현대는 혈연과 지연 혹은 특정 이익관계 아래 뭉쳐졌던 공동체가 파괴되고, 구성원들 사이의 정서적 지지와 통합의 환경이 약화되었으며, 거의 모든 분야에서 속도와 효율성을 따지는 시대다. 가족의 존재조차 부담스러워하고, 작은 물건 하나에서도 가성비를 따지며, 나에게 손해를 주는 것은 절대 그냥 넘어가지 않는 사회다. 조현병은 이러한 현대 사회 환경 속에서 살아가는 인간들이 겪게 되는 병임이 분명해 보인다. 운명적으로 주어진 사회신분, 또는 정해진 팔자에 따라 누군가의 뜻에 순종하면서 묵묵히 살아가야 한다고 믿었던 시대에는 분명 개인의 존재의 이유를 인정하는 현대 사회와 달리 '조현병'으로 진단되는 사람들이 비교적 적었을 것이다.

역으로 이는 조현병 치료를 위한 단서를 제공한다. 이제 조현병과 이 병을 겪고 있는 사람들에 대한 시각을 원점에서부터 다시 다뤄보자. 즉, 조현병 증상이라고 보이는 말과 행동들(증상들)을 무조건 '비정상'으로 간주해 '병'이라는 범주에 몰아넣고 치료라는 이름으로 어떻게든 바꾸어야 한다고 믿는 것이 과연 합리적인 방식인가라는 질문으로 다시 돌아가자는 뜻이다. 우리에게 '다른' 현상에 대한 이해, 상황의 파악, 또는 그 사람의 문제 행동에 대한 접근 방식은 없을까? 우리는 흔히 "인간은 모두 다른 존재다"라고 말하면서 왜 우리와 '다른' 그들을 '잘못되었다', '이상하다' 또는 '틀렸다'라고 보는 것일까?

우리는 익숙하지 않은 상황이나 어떤 정신적인 아픔을 야기하는 문제를 일정 기간 겪게 되면 으레 '정신보건' '정신건강'을 강조한다. 최근 전 세계를 강타한 코로나19 사태에서 극도의 불안과 강박 행동을 보이는 사람들이 많이 생겨났다. 그러자 이런 문제를 호소하는 사람들을 위해 '심리 지원'을 제공해야 한다는 주장이 나왔다. 심지어 각 방송사에서는 자막으로 심리상담이 가능한 곳의 전화번호를 내보내기도 했다. 그런데 막상 일상을 살펴보면 우리 마음의 아픔, 그 아픔에 따르는 여러 복잡한 문제들은 허술하게 다루고 있음을 알 수 있다. 눈에 보이지 않는 문제는 '없는 문제'로 취급하고, 눈에 보이는 신체 증상들은 마치 몸에 난 종기를 짜내듯 '제거해버리면 되는 문제'로 인식한다.

'빨리 빨리'를 강조하는 세상 속에서 우리는 과연 남다른 삶의 방식을 취하는 사람들을 우리 사회의 소중한 구성원 중 한 명이자 존중받아 마땅한 한 인간으로 바라보고 있을까? 아니다. 우리는 사실 그들을 뜯어 고치거나 폐기해야 하는 고장 난 기계로 규정하고 있다. 마음이 고장 난 '환자'로 간주하는 것이다. 가족이나 지인들마저도 그렇다. 이런 상황을 쉽게 목도할 수 있는 것이 오늘 우리의 현실이다.

그 뿐인가? 이들에게 가장 중요한 치료라고 하면서 끝없이 뇌 기능에 영향을 주는 약물을 투여하여 중독자로 만들고, 그것으로도 부족해 정신병동 입원을 통해 사회로부터 고립시킨다. 정부나 의료 당국은 이런 상황을 제지하기는커녕 더욱 힘을 실어주고 있는 실정이다. 현재 대한민국이 보여주는 조현병에 대한 반응, 그리고 정신 질환 대응 방식은 이러한 본질적인 문제를 내포하고 있다. 따라서 우리는 당당히 이에 대한 의문을 다음과 같이 제기해야 한다.

"조현병이라 이름 붙이면 누구나 조현병 환자로 보이는 거 아닐까요?"

다음의 그림은 오리일까, 토끼일까? 이 그림은 흔히 '곰브리치의 애매도형(ambiguous figures)'이라 불리는 그림 중 하나로서 하나의 도형이면서 보는 방법에 따라 두 가지 또는 그 이상으로 볼 수 있는 도형을 일컫는다. 이 그림도 보는 사람이 어떤 단서로 그림을 해석하느냐에 따라 다른 결과가 나온다. 왼쪽 동그라미 부분을 '귀'로 본다면 토끼가 될 것이고, 만약 그것을 '부리'라고 생각한다면 오리가 될 것이다. 그림 자체에는 변함이 없지만 대상을 보는 주체의 시각이나 경험 내용, 혹은 정신 활동이나 판단, 보는 방향 등에 따라 토

◇ 비트겐슈타인의 오리토끼

끼와 오리라는 전혀 다른 방향으로 결론을 내리게 된다.

　조현병이라는 딱지는 사고방식이 특이하거나 생경한 언어를 자주 사용하는 사람, 남이 보기에 어색한 행동을 보이는 사람들에게 흔히 잘 따라붙는다. 빌 게이츠(William Henry 'Bill' Gates III, 1955~)나 스티브 잡스(Steven Paul 'Steve' Jobs, 1955~2011), 손정의(孫正義, 1957~) 같은 창의적이고 대단한 기업가들이 한국 사회에서 살았다면 어떤 상황에 놓였을까? 즐거운 상상일 수 있지만, 상황에 따라 조현병이나 조울증 환자로 취급되었을 가능성이 농후하다. 우리 사회는 조금만 다른 방향을 택해도 이방인으로 취급하기 때문이다. 한일전이 벌어지면 누구나 붉은악마가 되어야 하고, 드라마 하나가 뜨면 주인공이 걸쳤던 옷이나 액세서리를 휘감아야 한다. 심지어, 내가 읽고 싶은 책을 사서 볼 때에도 베스트셀러를 선택해야 하고, 서울대가 추천한 고전 100선은 일단 사고 본다. 누구나 유치원부터 대학교까지 '나이에 맞게 순서대로' 다녀야 한다고 생각하는 사회에서는 빌 게이츠나 스티브 잡스가 나올 수 없다. 존 내시(John Forbes Nash, Jr., 1928~2015) 같은 수학자는 언감생심이라 친다고 해도 말이다. 이런 사회 분위기 속에서 감히 '개인의 자유를 억압한다'는 언급은 야당 정치인들이 정권을 잡은 세력에 대해 공격할 때나 가능하다. 그런 사회에서 우리는 살아가고 있다.

조현병을 진단하는 기준

의사들은 조현병을 '뇌의 이상을 동반하는 질환'이라고 한다. 그런데 이상한 점이 있다. 대부분의 조현병 환자를 진단하는 정신과 의료진들은 환자를 대상으로 신체 검진을 통해 이상을 발견하거나, MRI(Magnetic Resonance Imaging, 자기공명영상), MRA(Magnetic Resonance Angiography, 자기공명혈관조영술), fMRI(functional MRI, 기능성 자기공명영상), EEG(Electroencephalography, 뇌파검사), NIRS(Near-infrared spectroscopy, 근적외선분광법) 등을 통해서 신경회로의 이상을 확인한 뒤 그런 자료를 근거로 조현병 진단을 내리지 않는다. 분명한 것은 의사는 조현병이 뇌와 신경계의 문제라고 이야기하지만, 바로 그 병의 환자라고 자신이 진단한 환자의 뇌의 어떤 부위, 어떤 신경계의 문제인지에 대해서는 분명하게 지적하거나 언급하지 않는 다는 사실이다. 이것은 의료진들이 정신병을 진단하고 확인할 때 막연히 '뇌의 이상'이라고 믿고 싶을 뿐 어떤 구체적인 증거나 근거를 제시하지 않은 채 병을 진단한다는 뜻이다. 어쩌면 '신은 존재한다' 는 종교적 신념과 거의 비슷한 기준으로 환자의 병을 진단하는 일이 바로 '정신병 진단'이라고 할 수 있을지 모른다. "내가 보니 병이 있다" 수준의 진단인 것이다.

정신과 의사들이 정신병을 진단하거나 판단하는 근거는 DSM (Diagnostic and Statistical Manual of Mental Disorders)이다. 이것은 다양한 정신과 증상에 대한 통계 진단 매뉴얼이다. 종교에서 십자가나 불상 등을 믿음의 상징으로 삼는 것과 마찬가지로 과학자인 정신과 의사들은 이 매뉴얼을 환자 판정의 기준으로 활용한다. 현재 대부분의 정신과 의사들이 누군가를 조현병 환자라고 진단할 때 그들이 사용하는 것은 'DSM-5'라는 통계 매뉴얼에 언급된 유사한 증상 목록 기준이다. 매뉴얼에 언급된 다양한 환자 증상에 대한 목록을 기초로 환자의 병을 진단하는 것이다. 그러나 DSM 기준 자체에도 문제가 있다. 현대 의사들이 적극적으로 수용하는 이론과 달리 이 매뉴얼은 신경·생리적 기준이나 단서들을 활용한 게 아니라 환자의 심리, 행동적 이상 증상들을 모아 분류해놓은 것이다.

이처럼 근거가 불투명한 자료인데도 의사들은 DSM 기준에 기초하여 어떤 환자를 조현병이라 진단한다. 자신이 막연히 믿고 있는 몇 가지 단서나 증상이 환자들에게서 나타난다고 믿으면, 아니 환자나 보호자로부터 그 사실을 듣게 되면 바로 '그 병'으로 진단한다. 정신과 의사의 '주관적인 판단' 즉, 전문가로서의 생각과 믿음에 의해 일어나는 것이 정신병 환자에 대한 진단이다. 물론 막연히 객관적이라 생각하는 다양한 단서나 기준들을 적용하기도 한다. 그러나 이 같은 의사의 진단과 판단에 대해 환자나 보호자 누구도 잘 묻지 않고 또 확인하려고 하지 않는다. 대개 '전문가니까 알아서 잘 하겠지'라는 마음과 혹시라도 자꾸 의문을 제기하면 까다로운 환자나 보호자로 보여 눈총을 받지나 않을까 염려하기 때문이다. 물론 염려를 감수하면서 그 병의 원인이나 증상이 일어나는 이유를 물어보아도 의사는 분명 '조현병은 뇌신경 질환'이라고 주장할 것이다. 그렇다. '주장'이다. 자신의 믿음에 대한 막연한 표현이다. 진단 기준은 분명 심리적이고 행동적인 요소들인데 병의 이유나 원인은 뇌의 손상이나 신경회로의 손상, 신경전달물질의 문제에서 찾는다. 이보다 더한 모순이 있을까? 사실, 이런 모순은 마음의 아픔의 진단에만 있는 것이 아니라 몸의 아픔의 진단이나 치료에도 많이 일어난다. 우리 인간이 가진 지식이나 과학의 수준이 아직도 전문가라는 사람들의 믿음에 기초한 주장에 기초하기 때문이다. 아니, 과학적 사실이 바로 '믿음'에 기초하기 때문인지도 모른다. 이런 표현은 '절대적 진리'란 '절대적 믿음'과 같은 뜻이라는 것을 알려줄 뿐이다. 그렇다면 정신과 의사들은 왜 이렇게 하는 것일까? 답은 간명하다. 우리가 아직 조현병이 왜, 어떻게 발생하는지 모르기 때문이다.

조현병은 심리적이며 정신적인, 마음의 문제로 발생한다. 그 결과 다양한 행동·신체적인 증상을 보인다. 즉 마음의 아픔이 공격적 행동이나 환청, 환각, 사고의 와해 등 복잡한 증상들로 나타나는 것이다. 그렇다면 도대체 왜 정신과 의사들은 마음의 아픔의 정체를 파악하려 하지 않고 DSM이라는 매뉴얼을 신봉하는 것일까? 현대 의료진이 마음에 대해 가지고 있는 통념 또는 기본적 전제에서 그 이유를 찾을 수 있다. 그들은 마음이 있다는 것을 가정하기는커녕 부정하면서 마음의 표현으로 나타나는 심리, 행동적 기준이 바로 뇌의 이상이나 신경회로, 혹은 신경전달물질의 문제를 그대로 드러낸다고 믿기 때문이다. 그렇다. 믿음이다. 이것을 '생물적 환원주의(還元主義)'에 기초한 의학자들의 믿음이라 한다. 이런 믿음의 근간에는 '질병 진단'에서 생물적인 근거나 단서가 없는 경우 그것은 과학적이지 않다라는 생각이 있다. 의사들은 이 생각을 마치 종교적 신념처럼 받아들인다. 보는 것이 믿는 것이다. 하지만 마음은 보이지 않을 뿐 아니라 숫자로 측정하기도 힘들다. 대한민국의 현대 의료 교육 과정을 '생물적 환원주의교' 신도 양성 과정이라 표현한다면, 의사들이 가진 몸과 마음에 대한 믿음의 정체를 그대로 드러낸 멘션이 될 것이다. 혹자는 아니 그렇다면 어떻게 정신과 의사들이 '마음의 병' 또는 '마음의 아픔'이라는 단어는 사용하는지 물을 것이다. 이것은 마치 장사하는 사람들이 '손해보고 파는 겁니다'라고 말하는 경우와 크게 다르지 않다. 자신들이 하는 행위를 멋지고 더 나은 단어로 표현하고 싶은 마음의 발로라고 할까? 그런데 '마음'은 눈으로 보거나 측정할 수 없으니 아예 마음이 없다고 믿는다. 하지만 아픈 사람들은 치료를 해야 하니, 그들의 마음이 신체 장기인 뇌와 신경계에 있을 것이라 믿고 그것을 치료하면 될 것이라 생각한다. 이런 심리에서 그분들은 '정신분열증'이라 불리는 스키조프레니아라는 병명을 '조현병'으로 바꾼 게 아닐까 상상해본다.

정신과 의사들은 이처럼 환자들의 마음을 제대로 파악할 수 없기에 결국 DSM을 통해 막연히, 아니 기계적으로 자신들이 '척 보면' 사람들을 정신병으로 분류할 수 있다고 믿는다. 그러고는 이렇게 정신병으로 진단, 분류되는 환자들의 아픔이나 병은 대부분 뇌신경 질환이라 믿으려 한다. 그렇다. 그들은 믿고 싶고 믿으려 한다. 자신들은 이 내용을 과학적 사실, 많은 실험적 연구와 자료의 축척에 의해 확인된 사실, 진실이라고 주장하지만, 그들도 안다. 자신들이 간절히 믿고 싶은 어떤 절대적인 명제라는 사실을 말이다. 더 나아가 조현병의 원인을 '막연히' 뇌신경 질환이라고 굳게 믿기에 그들은 치료법 역시 당연히 뇌신경전달물질에 영향을 미치거나 뇌의 기능을 억제하는 약물의 복용이어야 한다고 확신한다. 바꿔 말하면, 약물을 처방하기 위해 병의 원인을 뇌 또는 뇌신경전달물질로 돌리는 셈인데, 실제로 우리 사회에서는 그런 믿음의 기적이 도처에서 일어나고 있다. 이는 마치 고대나 중세에 신의 존재에 대한 믿음을 확고히 할 수 있도록 악마의 존재를 더 강력하게 부각시킨 것과 같다.

악마에게 사로잡힌 인간이 있어야만 정의로운 신의 권능을 대중에게 잘 보여줄 수 있다. 그렇기에 근대 초기까지 '퇴마사'라는 이름의 성직자들이 정신병 환자들을 치료하였다. 이른바 악마를 퇴치하는 기적을 보여줄 수 있었다. 이와 유사한 역할을 현대 의학에서 정신병을 다루는 대부분의 의료진이 수행하고 있다. 마음의 병, 마음의 아픔은 '뇌의 질환'이며, '정신병 약'은 마치 신의 권능과 같은 '치료 수단'이라고 주장하면서 말이다. 여기에 더해 의료진은 '21세기 신으로서의 과학'을 내세우며 신의 왕좌를 과학이 대신하게 만들었다. 그리고 몸을 치료하는 것과 유사하게 마음을 치료해야 한다면서 오늘도 기적을 행하려 든다. 그렇게 하기 위해 그들은 마음은 없고, 있다고 한다면 그것은 단지 '뇌'라는 장기가 수행하는 어떤 기능일 뿐이라고 축소하여 마음을 이해하려 한다.

정신과 의사의 조현병에 대한 믿음

정신의학 책에는 '정신적으로 건강하다'는 의미를 다음과 같이 규정하고 있다.[3] 이 말이 정말 구체적으로 어떤 의미가 있는지에 대해서 나는 매우 깊이 고민해야 했다. 왜냐하면 그 규정들을 아무리나 자신에게 적용하여 내가 '정신적으로 건강한지' 알아보려 해도

---

3   『신경정신의학』 3rd Edition, p.98.

알기 힘들었기 때문이다.

  a 정신장애가 없고 행동에 뚜렷한 이상이 없이 안정되어 있고
    유연한 적응 상태
  b 환경의 요구에 순응을 넘어서 올바른 사회 발전에 기여하는
    방향으로의 적응이 가능한 상태
  c 성격의 통합과 자신과 주변, 사회에 대한 인식이 가능한 상태

  분명 나 자신은 'b'의 상태라고 나름대로 진단해볼 수 있다. 하
지만 내가 'a'나 'b' 상태가 아닌 듯한 때도 있었다. 심지어 나를 못
마땅하게 생각하는 누군가는 나를 전혀 b의 상태라고 보지 않을 수
도 있다. '정신적으로 건강한지' 자가 진단조차 하기 힘들다. 이런
단서들을 통해 심리학자인 나는 정신의학 분야는 그 분야에서 일하
는 분들조차 쉽게 자신의 정체성을 규정하기 힘들다는 사실을 확인
하게 되었다. 정신적으로 건강하다는 것을 이해하기 어려워서, 반대
되는 말인 병든 상태, 즉 질환(illness)이라는 것은 무엇인지도 찾아보
았다. 병에 걸렸다는 것은 건강과 대비되는 병적인 상태라고 한다.
'정신의 병'이라고 하여 '정신병'이라 부르지만, 정작 그들이 찾는
병의 정체는 '적응' '인식'이라는 단어로 확인할 수 있을 뿐이었다.
예를 들어 '20세기 영국 문학의 대표적인 모더니스트이자 선구적
페미니스트'로 간주되는 버지니아 울프(본명 Adeline Virginia Stephen,
1882~1941)는 어머니의 사망 후 정신질환 증세를 보이기 시작했다.

아버지의 사망 이후 그녀의 병세는 더욱 악화되었다고 전해진다. 그녀는 매우 자유롭고 진보적인 태도를 보이면서 적극적인 작품 활동을 했지만 평생에 걸쳐 수차례 정신 질환을 앓았다. 그리고 자신의 병의 재발이 두려워 자살로 생을 마감했다. 이에 대해 당대 사람들은 '신경쇠약으로 건강이 좋지 않았다'고 말했다. 그녀가 어린 시절에 어떤 비극적인 상황을 경험했는지 그것이 어떻게 일생의 트라우마가 되었는지 입을 다문 채 말이다. 결국 이 경우에도 정신은 없고, 일반 신체의 병에 관한 '건강'을 언급하는 수준이다.

보통, 정신장애(精神障碍, mental disorder)란 정신병이나 반응의 이상, 성격 이상 등 정신의 병적인 상태 모두를 아우르는 용어인데 국제 정신질환 분류 체계인(ICD-10)에서는 질환이나 질병 대신 장애(disorder)라는 용어를 사용하기도 했다. 장애는 개인적 고통과 기능 저하를 동반하면서 임상적으로 파악 가능한 일련의 증상이나 행태를 말한다.[4] 하지만, 이런 임상적 파악의 기준은 지극히 단순하다. 왜냐하면 정상(normal)이란 규준(norm)의 범위 안에 포함되어 있는 것을, 그리고 그 범위에서 벗어난 것은 이상(異常, abnormal)이라고 정의[5]하기 때문이다. 물론, 이런 판단이나 평가는 정신과 의사 개개인이 관찰자의 역할을 할 때 가능하다.

---

4   『신경정신의학』 3rd Edition, p.98.
5   『신경정신의학』 3rd Edition, p.97~98.

'환자'를 관찰하든, 누구를 살펴보든, 관찰자는 어떤 대상을 볼 때 역시 자신의 확실한 감정을 가지고 생각하며 행동하는 존재이다. 관찰자의 마음, 관찰자의 심리가 작동한다는 뜻이다. 관찰자가 자신을 전문가로 포장하든 아니든 자신의 판단에 의해 정상-비정상 기준을 적용할 수밖에 없다. 즉, "내가 보기에 비정상이다. 혹은 정상이다"라는 식의 언급이다. 전문가라고 주장하는 자신의 평가를 절대적인 기준, 객관적인 기준으로 포장하더라도 이런 틀은 그 자체로 한계를 지닌다. 대부분의 병원에서 이루어지는 진단은 이런 관찰 행동의 결과이다. 그런데, 정신과 병원에 한 번이라도 가본 사람은 안다. 이런 관찰이 얼마나 짧은 시간에 얼마나 환자에 대한 정보가 부족한 상황에서 이루어지는지 말이다. "척 보면 알 수 있어요"라는 말을 들을 때마다, 의사라는 '전문가'들이 '하느님 코스프레'를 하는 것은 아닌가 의심이 될 때가 많다.

정신과 의사들도 정신장애에는 여러 가지 특징이 있다는 것을 인정하고 있다. 명확한 검사 방법이 없다는 것도 인정한다. 물론 실제 임상에서는 심리 검사, 뇌영상, 뇌파 등으로 진단에 도움을 받기도 하지만 정신장애는 다른 신체 질환과 달리 검사 결과만으로는 확진할 수가 없다. 따라서 환자가 주로 호소하는 내용과 검사 결과 사이에 어떤 연관성이 있는지를 깊이 따져보아야 한다. 단순히 어떤 검사 결과 하나만 가지고서는 감히 확진이라고 할 수 없다.

: 믿음의 시작

조현병은 뇌 이상(beyond or above the brain)이다

조현병은 이 병의 원인으로 다양한 이유가 존재할 수 있음을 정신의학자들이 인정하고, 각 개별 환자들이 어떻게 각기 다른 이유를 보여주는지 잘 파악할 수 있어야 제대로 된 치료가 이루어질 수 있다. 하지만 만일 이 병을 단순히 '뇌의 문제'라거나 '신경계나 신경전달의 물질의 문제'라고 생각하게 되면, 조현병의 치료는 단순히 신경이나 뇌를 자극하는 약물에 의해 이루어질 수 있을 뿐이라는 생각을 갖게 된다. 그 결과 정신병 환자들은 약을 먹어야만 치료할 수 있다는 신화가 만들어진다. 그리고 매일 음식을 먹듯 증상이 사라질 때까지 약을 먹어야 한다고 믿게 된다. 이렇게 해서 환자들은 이유도 모른 채 약물 중독 상태로 자연스럽게 빠지는 것이다. 그럼에도 불구하고 대다수 정신과 의사들은 자신이 굳게 믿고 있는 '정신병=뇌 질환' 공식에 대해 의문이나 이견을 갖지 않는다.[6] 그 이유는 무엇일까? 왜냐하면 그들은 뇌의 이상이 아니고서는 이 병을 절

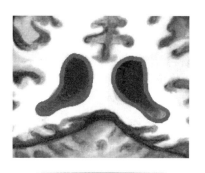

뇌의 구멍일까?

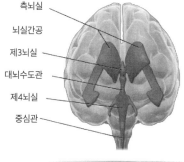

측뇌실
뇌실간공
제3뇌실
대뇌수도관
제4뇌실
중심관

전면도

◇ 측뇌실

대로 설명할 수 없다고 믿기 때문이다. 정신과 의사들의 바이블이라 할 수 있는 책『신경정신의학』에는 '조현병이 뇌의 질환이라는 점에 대해서는 어느 정도 의견이 일치되고 있다'는 대목이 나온다. 하지만 이것은 '사도신경'의 정신의학 버전에 다름 아니다. "나는 전능하신 뇌와 신경계의 존재를 믿으며, 뇌와 신경계에 의한 우리 마음의 창조주를 믿습니다. 아멘." 하는 식으로 이런 믿음을 자신들이 진단하는 정신병의 객관적 근거와 기준으로 제시한다. 정신의학이 21세기 새로운 종교로 등장하게 된 배경이다. 거의 자기 충족적 예언이거나 아니면 자기만족적 믿음의 행위와 유사하다. 하지만 '심리적, 사회적 요인 또한 발병과 경과에 중요한 역할을 한다는 점에서 이 질환의 원인과 병태생리는 매우 복합적이라고 말할 수 있다'라며 한 발 물러서는 모습으로 설명하는 정신과 의사들도 일부 있다.

6   『신경정신의학』 3rd Edition, p.98.

조현병 환자를 진단하는 의사들이 환자들의 뇌가 손상되었거나 또는 뇌신경 회로에 문제가 있다고 주장할 때, 때로 조현병 환자들의 뇌가 점점 손상되는 듯한 이미지를 플립애니메이션 같은 방식으로 보여주기도 한다. 위의 왼쪽 이미지는 현재 정신과 의사로 일하는 분이 만든 '조현병의 실체'[7]라는 동영상에서 발췌한 것이다. 이 영상을 보여주면서 그는 이렇게 말했다. "마지막으로 제가 보여드리고 싶은 그림인데요. 보시면 뇌의 구멍이 점점 커지는 것을 알 수 있습니다. 저희 병원에 찾아오시는 환자들께 보여드리는 그림이에요. 조현병이 나이가 들어서 악화될 때 만약 치료되지 않으면 신경계통의 퇴화현상이 일어나서 뇌에 위축이 일어난다는 걸 꼭 설명해드리고 싶어요."

위 그림에서 보이는 것—의사가 뇌의 구멍이라고 설명한 부위—은 '측뇌실'이다. 그런데 이것은 조현병 때문에 생기는 뇌의 구멍이 아니다. 측뇌실은 우뇌와 좌뇌에 각각 하나씩 있는 것으로 투명한 물과 같은 뇌척수액으로 가득 차 있는 공간이다. 즉, 원래부터 뇌 안에 존재하는 부위이다. 또한 측뇌실은 구멍이 아니다. 뇌실은 다른 뇌실과 연결되어 있는 열린 공간이다. 하지만 이 의사는 조현병을 '나이가 들어서 악화될 때 치료하지 않으면' 이렇게 뇌 안에 구멍이 커지는 현상, 즉 '뇌의 위축'이 나타난다고 설명한다. 다시 말해 뇌가 위축되는 것은 조현병이 악화되는 것을 치료하지 않고

7   https://www.youtube.com/watch?v=SR3K6WgJC2Q

방치해두었기 때문이라는 주장인데, 이 같은 뇌 위축은 대표적으로 알코올성 치매 환자에게서 쉽게 관찰된다. 조현병이 아닌 매우 다양한 질환에서도 얼마든지 관찰되는 소견일 수 있다. 하지만 마치 '조현병 환자인 주제에 약까지 잘 먹지 않으면 뇌에 구멍이 뻥뻥 뚫릴 것'이라며 겁을 주고 있다.

더욱 놀라운 것은 살아 있는 조현병 환자의 뇌 사진이 이렇게 나올 가능성은 극히 미미하다는 데 있다. 그보다는 항정신병약물을 동물에게 주입한 후 뇌를 살펴보는 실험에서 이와 유사한 뇌 위축 결과들을 더 쉽게 찾을 수 있다. 인간과 뇌의 생리가 유사한 마카크 원숭이에게 조현병 치료에 주로 사용되는 할로페리돌과 올란자핀을 투여한 결과, 위약 대조군과 비교해 8~11퍼센트의 뇌 위축이 발생했다.[8] 항정신병약물에 8주 이상 노출된 쥐에게서도 뇌 위축이 발견됐다.[9]

사실 뇌에 있는 측뇌실의 크기는 사람의 생김새만큼이나 제각각이다. 게다가 사람의 뇌는 나이가 들어감에 따라 부피가 줄어드는

8   Karl-Anton Dorph-Petersen, Joseph N Pierri, James M Perel, Zhuoxin Sun, Allan R Sampson, & David A Lewis (2005). The Influence of Chronic Exposure to Antipsychotic Medications on Brain Size Before and After Tissue Fixation: A Comparison of Haloperidol and Olanzapine in Macaque Monkeys. Neuropsychopharmacology.

9   Anthony C Vernon, Sridhar Natesan, Mike Modo, Shitij Kapur (2011). Effect of Chronic Antipsychotic Treatment on Brain Structure: A Serial Magnetic Resonance Imaging Study With Ex Vivo and Postmortem Confirmation. Biol Psychiatry.

뇌 위축 양상을 자연스럽게 보인다. 조현병과 상관없이 '노화 과정' 중 누구에게나 나타날 수 있는 상황인 것이다. 이를 마치 '조현병 환자가 약물을 제대로 먹지 않아' 나타난 현상인 것처럼 검증되지 않은 주장을 하고 있으니 참으로 안타깝다. 물론 이분의 말이 완전히 거짓은 아니다. 조현병 환자로 치부되는 이들도 나이가 들면 이런 뇌 이미지 소견이 나올 수 있으니 말이다. 그들 역시 우리처럼 나이 들어가는 '사람'이니까. 그런데도 이런 사진들을 마치 실제 조현병 환자의 사진인 것처럼 퍼뜨리는 것은 조현병에 대한 대중의 공포를 가능한 한 극대화하는 것이라고밖에 이해할 수 없다.

도파민 가설

정신의학에서는 조현병의 원인을 뇌의 손상, 또는 뇌의 기질적 문제로 규정하면서 그 근거로 '도파민(dopamine) 가설'을 든다. 1960년대 이후 신경전달물질로서의 도파민의 역할이 알려지기 시작하면서 도파민 가설은 조현병뿐 아니라 우울증, 파킨슨씨병을 설명하는 데도 활용되고 있다. 특히 조현병을 설명하기 위한 도파민 가설은 고전적인 도파민 D2 수용체 가설로부터 시작해 이후 수차례 수정 및 보완을 거쳤다. 도파민 가설로 정신분열병의 원인, 증상 발현, 치료를 전적으로 설명하기에는 역부족이다. 무엇보다, 수많은 가설에 불과하기 때문이다. 이런 가설을 마치 진리인 것처럼, 분명한 이유인 것처럼 설명하는 것은 과학자의 설명 방식이 아니라 종교적 믿음을 전파하려는 전도사의 태도이다. 이 같은 실정이 여러 연구들로 확인되고 있는 상황인데도 한국의 정신의학계에서는 여전히 도파민 가설을 들먹인다. 도파민 차단제 약물 투여가 절대적이며 유일한 해법인 양 이야기한다. 왜냐하면 특별히 다른 뚜렷한 설명을 찾기 어렵기 때문이다.

치료라는 것은 아픔을 겪고 있는 사람, 혹은 이미 겪은 사람을 일상생활로 복귀시키는 것을 의미한다. 즉 일상적인 생활을 할 수 있는 몸과 마음으로 회복시키는 것이다. 그런 마당에 회복은커녕 어떻게 약을 계속해서 복용하는 것을 병의 치료라고 할 수 있을까? 조현병의 원인을 정확히 간파할 수는 없지만, 환각이나 망상을 감소시킨다는 약(뇌의 기능을 떨어뜨려, 환각, 망상도 같이 줄어드는 화공약품)을 먹지 않으면, 환자의 뇌는 더욱 망가질 거라는 이 주장은 '21세기판 주술(呪術)'과 다르지 않다.

조현병, 그리고 이 병을 치료하는 사회의 방식은 정말 우리 각자 이 사회에서 어떻게 살아야 하고, 이 사회에서 불합리한 인간을 어떻게 수용하거나 처분 또는 허용하면서 받아들여야 할 것인가에 대한 중요한 질문을 던지고 있다. 정신과 의사들은 죽을 때까지 또는 증상이 없어질 때까지 약을 복용해야 한다고 강조한다. 이것이 다만 '약물 중독자로 계속 살아가라'는 명령에 불과한데도! 정신병 환자가 '꾸준히' '평생', 아니 '정상으로 돌아왔다고 판정될 때까지' 약을 복용해야 한다고 믿는 정신과 의사들의 마음도 참 복잡하고 힘들 것이다. 그렇기에 어떤 정신과 의사는 "나도 때론 미치고 싶다"라는 마음을 표하기도 했다. 자신들이 하고 있는 활동의 의미와 가치를 어떻게 찾고 받아들여야 할지 모르기 때문일 것이다. 이들에게 정말 심리상담, 심리치료를 제공하고 싶다. 하지만 그들이 별로 원하지 않을 것이다. 그렇다고 정신과 의사들이 자신들의 마음의 아픔을 해소하기 위해 '정신과 약'을 처방하여 사용한다는 이야기는 들어본 적이 별로 없다. 정신과 의사들은 정신과 약을 자신에게 거의 처방하지 않을 것 같다. 이것이 나의 편견이나 착각이기를 바랄 뿐이다.

'조현병의 원인이 무엇인가?'라는 질문에 대해 의료진이나 전문가들이 할 수 있는 말은 "아직 결정적이고 단순한 원인이 무엇인지는 과학적으로나 의학적으로 그리고 심리적으로 명확히 밝혀진 바 없다" 혹은 "잘 모른다"이다. 하지만 우리는 여전히 약을 통해 도파민이라는 신경전달물질의 작용을 저하시키면 행동에 변화가 일어나고, 이것이 조현병이 치료되는 과정이라고 믿는다. 조현병을 사라지게 한다고 믿는다. 그저 증상이 '사라진 것처럼 보일' 뿐인데도. 한마디로 현재 이뤄지고 있는 조현병 치료는 '조현병 진단에 근거가 되는 증상이 줄어든 상황'을 두고 '약의 효과가 나타나고 있다고 주장하는 것'일 따름이다.

정신과 의사는 어쩌다 그런 믿음을 갖게 되었을까?

인간의 몸은 누가 관리하는 것일까? 아니, 우리 몸이 아프다고 할 때, 그 아픔이나 고통이란 무엇일까? 이런 질문을 던지게 되면, 우리 모두 멍해지기 십상이다. '심하게 아픈 경우 죽을 수도 있는데……' 이런 정도의 생각을 하게 될 뿐이다. 사실, 우리 몸의 아픔은 그 자체로 병으로 느껴진다. 하지만 이런 몸의 아픔이 바로 우리 자신을 지배하는 마음의 결과라는 것은 쉽게 생각하기 힘들다. 왜냐하면, 인간은 스스로 자신을 몸과 마음이 분리된 존재라고 생각하기보다 마음이 몸 어딘가에 어떻게든 존재하고 있을 거라고 막연히 짐작하는 수준에 머물고 있기 때문이다. 심지어 아주 오랫동안 인간은 자신들을 관장하는 신이나 악령이 있으며, 마음이 이런 절대자의 영향 아래 있다고 믿어왔다.

그 같은 생각을 하는 시대에, 병이란 마치 자신의 주인 역할을 하는 신이나 악령이 자신에게 퍼붓는 벌이나 저주를 의미했다. 따라서 신이 내린 벌이나 저주로부터 자유로워지거나 몸에서 악령을 쫓아내면 병이 치료된다고 믿었다. 이런 생각은 퇴마사, 최면술사 그리고 의사들이 등장한 이후에도 어느 정도 지속되었다. 이런 경우, 병의 치료는 순전히 생물적이거나 물질적인 문제가 아닌 영적인 문제가 된다. 하지만 과학의 발전은 인간에게 새로운 시각을 주었다. 인간 스스로 자신의 몸의 병에 대해 영적인 태도에서 점차 더 생물학적인 태도로, 더 나아가 물리적인 문제뿐 아니라 심리적인 시각, 즉 마음의 아픔이 몸의 아픔으로 전환될 수 있다는 새로운 시각으로 바라볼 수 있도록 했다. 마음과 몸에 대한 '심리주의'의 탄생이다.

18세기 이후 과학이 등장하면서 '병이란 병균이나 기타 여러 가지 외부적인 이유로 촉발되는 생물적·물리적인 문제'라는 생각을 가능하게 해주었다. 그러나 몸이 병에 걸리듯, 마음도 병에 걸릴 수 있다는 생각을 하게 되는 프로이트의 정신분석 이론이 등장하기까지 또 다시 거의 1세기에 가까운 시간이 필요했다. 19세기 이후에야 인간은 스스로 자신의 마음을 찾을 수 있게 되었다는 뜻이다. 한마디로 근대 사회의 등장과 더불어 인간은 자신의 모습, 즉 자아(self)를 찾고 인식할 수 있게 된 것이다. 이제는 '몸하고 똑같이 마음도 병에 걸릴 수 있다'는 생각을 하는 게 전혀 이상하거나 낯설지 않다. '마음의 병' '마음의 아픔'이라는 표현은 근대 인간의 '병에 대한 새로운 인식'을 잘 보여준다.

인류는 19세기 이후 과학의 힘으로 많은 '질병(disease)'을 일으키는 바이러스와 세균, 유전인자 등을 발견할 수 있게 됨으로써 '아픔(혹은 통증)을 일으키는 생리적 원인'을 찾아내었다고 믿었다. 아니, 질병이나 통증(아픔)과 같은 신체적 증상에 대한 단서를 신체에서 찾아 처치할 수 있다는 '질병 모델(Disease Model)'을 세울 수 있었고, 질병 모델은 현대 정통 의학의 패러다임이 되었다. 그리고 이런 패러다임 아래 암세포, 탄저균 등 다양한 아픔, 통증의 신체적 원인을 설명할 수 있었다. 예를 들어 20세기 초에는 급작스럽게 발작적으로 일어나는 '천식(asthma)'과 같은 기침에 대해서 이를 (정신분석적 설명으로) 심리적인 억압의 결과라고 해석하였다. 하지만, 20세기 중반 이후 대부분의 천식 발작에는 특이한 세균이 작용한다는 것이 확인되었다. 이전에 막연히 심리적인 이유로 발생한다고 믿었던 신체의 이상 행동들에 대해서 생리적인 원인을 발견하게 되면서 과학적 질병 모델에 대한 믿음은 한층 강화되었다.

20세기 동안 의학은 과학을 자처하면서, 아픔과 질병을 동일시할 수 있었다. 그 와중에 통증은 '신체의 이상을 알려주는 신호'이니 신체적 진단과 처치를 통해 치유될 수 있다는 믿음도 더욱 공고해졌다. 이와 동시에 정신과 의사들의 경우, '마음이 아프다, 마음이 병들었다'라는 생각을 정신병, 즉 '정신장애(mental disorders)'로 인지하고 그 개념을 '정신장애는 한 개인에서 발생하는 임상적인 행동 및 심리적 증후군으로, 현재의 장애로 인해 많은 고통을 받고 있는 상태를 의미한다'고 정의[10]했다.

사실, 정신장애에 대한 이런 정의는 마음의 아픔이나 마음의 문제가 무엇인가에 대해서는 거의 관심이 없다는 것을 알려준다. 단지

10　DSM 제5판(DSM-V)에서의 '정신장애'에 대한 정의, 미국정신의학협회 출판 서적

환자가 고통을 호소한다면, 그가 보여주는 '환각이나 망상 같은' 증상 때문일 것으로 믿으려 한다. 이것은 마치 치통을 호소하는 환자를 두고 왜 그런 증상이 생겼는지 근본적인 이유를 찾기보다 '치아가 썩어 아픈 것이다'라며 당장 눈에 보이는 것을 원인으로 지목하는 것과 같다. 그저 이가 썩었기에 아픈 것일 뿐, 왜 썩었는지에 대해서는 묻지 않는다. 단지 썩은 치아를 제거하는 것에 초점을 둔다. 이것을 '치료'라 한다. 그리고 이런 치료에는 '진통제'라는 약이 필수적으로 등장한다.

무엇을 병이라 하는가?

정신과 의사의 마음은 무엇일까? '의학(medicine)'이라는 측면에서 인간 신체의 병을 치료한다는 사람들이 '마음의 병' '마음의 아픔'은 어떻게 치료할까 하는 의문은 오래전부터 내려온 것이다. 그런데 놀라운 사실이 있다. 그들이 정신병을 언급할 때마다, 이 병을 뇌의 문제, 신경회로나 신경전달물질의 문제라고 언급할 때마다, 그들이 말하는 마음이란 '뇌' '신경'과 동일하다는 점이다. 그런데 대부분의 '정신과 환자'들에게서는 놀랍게도 뇌나 신경계의 이상을 발견하기가 참 어렵다. 신경회로나 신경전달물질 또는 호르몬의 문제가 있다고 의사들은 이야기하지만, 그 이야기를 증명할 어떤 검사결과나 판독 사진을 보여주는 경우는 거의 없다. 조현병의 경우도 마찬가지다. 실제로도 '의사의 소견'이라는 놀라운 말 이외에는 다른 증거를 찾을 수 없는 경우가 많다. 이런 이유 때문에 때로 '의사가 신의 역할을 한다'라는 말이 나왔는지도 모른다. 즉, 의사란 "내가 명하노니, 병이 있으라!" 이런 마음으로 사는 사람들이거나 "내가 명하노니, 병이 나아라!" 하는 마음을 가진 사람이 된다. 정신의학과에서 일하는 의사들의 경우일지도 모른다.

　우리는 대부분 웬만한 병의 원인을 알고 있다고 생각한다. 아니, 왜 병에 걸리는지에 대해 의사와 같은 전문가들은 알 것이라고 믿는다. 대부분의 병은 바이러스나 세균에 의한 감염, 또는 인체 안의 장기가 제대로 기능하지 못해서 발생한다고 믿는다. 필수적인 호르몬이나 효소, 또는 건강 유지에 필요한 화학성분 등이 부족하거나 많으면 병에 걸리기도 한다. 특정 질병은 유전에 의해 일어나기에 유전자가 질병의 원인이라고 믿기도 한다. 심지어, 거주 환경이 나쁘거나 유해물질을 분비하는 공장, 또는 흡연이나 음주 등의 나쁜 습관 등으로 인해 질병이 발생하고 건강이 악화된다고 믿는다. 이런 식으로 질병의 원인을 파악하는 사람들—전문가든 일반인이든—에겐 한 가지 공통점이 있다. 그들이 '신체적 질병이나 통증의 증상에는 반드시 그에 상응하는 신체상의 원인이 있다'는 믿음을 가지고 있다는 점이다. 물론 이런 증상에 대해 의사가 어떤 '이름을 붙일 때', 우리는 그것을 '병'이라 부른다. 김춘수 시인의 「꽃」이라는 시의 구절은 바로 의사가 질병이나 통증의 증상에 대해 '병'이라 불러주는 그런 상황을 잘 나타낸 표현이다.

내가 그의 이름을 불러주기 전에는 그는 다만 하나의 몸짓(통증,
증상)에 지나지 않았다. 내가 그의 이름을 불러주었을 때 그는 나
에게로 와서 꽃(병)이 되었다.

의사는 병이라 이름 부를 수 있을 때, '수술'이나 약을 처방하
는 것으로 자신의 역할을 다하려 한다. 앤 해링턴(Anne Harrington)
은 『마음은 몸으로 말한다The Cure Within: A History of Mind-Body
Medicine』[11]에서 이 과정을 이렇게 묘사하였다.

질병의 원인이 오감으로 즉시 확인되지 않을 경우, 의사들은 엑스
레이, 초음파, CT 촬영 또는 혈액이나 조직 검사를 통해 질병의
원인을 분석할 것이다. 그리고 일단 의사가 무엇이 잘못되었는지
확인하면 어떻게 치료할지 환자에게 정확하게 이야기할 것이다.
어떤 약을 복용하고 어떤 수술을 받을지, 식습관이나 생활방식을
어떻게 바꿔야 할지에 관한 이야기 말이다. 이것이 의학적인 문제
가 생겨 병원을 찾는 우리가 일반적으로 기대하는 과정이다.

내가 느끼는 아픔의 증상을 의사가 명확한 이름으로 불러줄 때

---

[11] 앤 해링턴(Anne Harrington), 『마음은 몸으로 말한다The Cure Within: A History of
Mind-Body Medicine』, 2009, p.6.

우리는 그것을 '어떻게든 고칠 수 있는 것'이라 생각하게 된다. 몇 가지 예를 떠올려보면 금방 이해할 수 있다. 전염병에 걸리면 대개 항생제를 복용하고, 혈당을 조절하기 위해서는 인슐린을 주사하며, 암세포를 제거하기 위해 수술을 하고, 우울증에는 항우울제를 처치한다. 이렇게 하면 환자의 상태가 조금 더 나아질 것이라는 믿음 아래 일한다. 하지만 의사가 정말 당혹스럽고 힘들 때가 있다. '코로나19 바이러스'처럼 어떤 바이러스나 세균과 관련된 분명한 증상을 인지하지만 특별히 처치할 백신이나 약이 없다고 판단되는 경우, 그리고 기존의 생리학적 접근방식이 증상을 완화시키거나 없애는 데 아무런 효과가 없다고 입증되는 경우이다. 정신과 의사들이 다루는 문제는 보통 이런 병들이다. 이것을 '질병을 생리학적인 관점에서 보는 것'이라 부르는데 여기에 '정신병'도 포함된다. 생리학적인 관점에서 질병을 인식하는 것은 몸을 다루는 의사들이 가장 능숙하게 학습해왔고 그들에게 가장 숙련된 사고방식이다.

마음 치료 과정의 모순

정신병의 역사는 고대 그리스부터 시작된다. 예를 들어 『히포크라테스 전집*Hippocratic Corpus*』은 히포크라테스와 그 제자들이 함께 만든 것으로 보이는 의학 기록물인데, 여기에 많은 질병의 설명과 더불어 마음의 기원을 뇌라고 인지한 내용이 나온다. 또한 현

◇ 히포크라테스 전집의 목차 페이지

대적으로 해석할 때 환청이나 환시 등을 경험하는, 즉 정신질환의 일종으로 볼 수 있는 '헤라클레스 병(morbus Herculeus)'에 대한 언급도 있다. 즉 고대 그리스 문헌에 기록이 나올 만큼 정신병의 역사는 그 연원이 오래다. 하지만 정신병을 마음의 병으로 취급하면서 이것을 마음의 병으로 치료하려고 했던 노력은 분명 근대 사회가 시작되면서 일어났다.

17세기 후반부터 인류는 정신병이라고 하는 병들을 단순히 신의 영역에 속하는 일이라고 믿었던 기존의 통념에서 벗어나 이를 신체의 문제 때문에 발생하는 일련의 병들과 유사하게 간주하기 시작한다. 앞서 소개한 것처럼 '뇌라는 장기에서 생긴 병'으로 취급한 것이다. 그런데 이와 동시에 일각에서는 '인간의 마음이 아픔을 겪기 때문에 발생하는 마음의 병'으로 보려는 움직임도 함께 일어났다.

19세기 중반이 되면서 이것은 분명 인간 개개인의 삶의 문제로 인해 생겨나는 마음의 병이라는 것, 따라서 이를 '정신병' 또는 '심리(마음)의 문제'라 간주하여 어떻게든 해결해야 한다는 활동이 뚜렷하게 나타나기 시작한다. 이어 20세기에는 인간 마음의 발견, 그리고 이 마음이 잘못되었을 때 잘못된 마음, 병든 마음, 아픈 마음을 회복시키려는 노력과 함께 치유의 문이 열리는데 이 점이야말로 지난 시대와 비교할 때 가장 획기적인 인류의 발견이라 할 수 있다. 그렇다면 조현병이라는 마음의 병을 인류는 어떻게 치료하려고 했을까? 인류는 이 병을 어떤 것으로 이해했을까? 이제 21세기 대한민국의 의료진이 나누는 이야기를 통해 조현병의 정체를 다시 한 번 확인해보도록 하자.

> **강시현(대한조현병학회 이사)** 조현병의 원인은 뇌에서의 신경전달물질의 불균형 때문에 발생합니다. 예를 들어 뇌에서 도파민이 항진되면 환각이나 망상 증상이 발생하게 됩니다. 남이 나를 괴롭힌다는 피해망상을 겪는다던가, 남한테는 들리지 않는 소리를 (본인은) 들으면서 그 소리랑 대화를 나눈다든지 하는 증상이 대표적으로 나타납니다.[12]

위에서 언급한 내용이 바로 '도파민 가설(dopamine hypothesis of

---

12   https://www.youtube.com/watch?v=e9ObZ4CA4Pk

schizophrenia)'이다. 하지만 현재 대다수의 의학 논문이나 연구는 이 것을 가설 수준의 주장이라고 취급하고 있다. 실제로 도파민 가설은 조현병을 설명하는 적절한 이론이 아니다.

> **이정석**(대한조현병학회 이사) 어떤 한 환자에게 여러 가지 모습이 있을 수 있어요. 그래서 저희가 진단할 때에는 보통 핵심적인 증상 다섯 가지를 꼽아서 다섯 가지 중 두 가지 이상에서 어느 정도 충분한 심각도가 보인다고 하면 조현병으로 진단하는 거죠.
>
> MC 그 다섯 가지가 궁금한데요?
>
> **이정석** 망상, 환각, 음성증상, 와해된 언어, 와해된 행동. 이 다섯 가지 중에 두 가지가 있으면 조현병이라고 생각합니다.
>
> (중략)
>
> **이명수**(대한신경정신의학회 홍보이사) 지금 우리가 굉장히 부정적인 면만 보고 있는데, 사실 조현병 증세가 겉으로 드러나지 않는 사람들은 알아서 다 취업하고 잘 지내는 분들도 엄청 많습니다. 이걸 대중들이 알았으면 좋겠어요.[13]

여기서 잠깐 생각해보자. '조현병 증세가 겉으로 드러나지 않는 사람'이란 어떤 사람일까? 자기 마음이 아픈 건지 아닌 건지, 아프다면 그것의 정체는 무엇인지 모른 채 그냥 살아가는 대부분의 일

---

13 국민건강보험 공식채널 '건강e쏙쏙' 프로그램 https://www.youtube.com/watch?v=B8n9WZ7NT_Y

반인을 언급하는 것 아닐까? 그런데 왜 위의 분은 대화에서 그런 사람들 중 "알아서 다 취업하고 잘 지내는 사람이 엄청 많다"고 말하는 걸까? 스스로 조현병 증세가 드러나는 사람이나 그렇지 않는 사람이나 기본적으로 큰 차이가 없다는 그런 뜻은 아닐까?

이정석 조현병은 하나의 원인으로 나타났다고 보기에는 어렵고요. 여러 가지 원인이 복합적으로 얽혀서 생기는 거라고 생각하는데, 가장 중요한 게 뇌의 이상과 같은 생물학적 이상입니다.

의사들은 흔히 조현병이 결코 '심리적 증상이 아니'며 '뇌의 이상을 동반하는 생물학적 이상에 의한 질환'이라는 것을 강조한다. 아니, 이 생각을 신봉하는 것 같다. 정신과 의사들의 이 같은 믿음이 참 아이러니한 점은 이 병을 '마음의 병'이라고 표현한다는 데 있다. 물론, 그들에게 마음은 바로 '뇌' 또는 '뇌와 관련된 신경계'이다. 그렇기에, 그들이 마음, 정신이라고 이야기하는 것은 정말 몸과 구분된 마음이 아닌, 몸의 일부인 '뇌' '신경계'일 뿐이다. 따라서 정신병을 정신의 이상 또는 마음의 아픔이나 문제라고 하지만, 결국 모두 '생물학적 이상'에 의한 질환이라고 구분한다. 만일 그들의 주장이 옳다면 '정신병'이라는 말 대신 '뇌라는 장기의 이상으로 생기는 병'이라고 표현을 정정해야 정확하지 않을까? 바로 이 지점에서 마음의 질병에 관한 엄청난 역사적 착각 또는 착시를 확인할 수 있다.

즉, 의료진들이 언제부터인가 '뇌=인간의 정신'이라고 믿게 되

◇ '뇌'가 곧 '정신'인 걸까?

면서 정신병을 뇌의 병이라고 확신하게 된 것이다. 이것이 바로 현재 의료진이 가지는 정신병에 대한 이해의 수준이다.

　의학자들이 가진 정신병에 대한 혼란이나 당혹스러움을 가장 잘 나타내는 현상은 바로 이들이 히스테리, 우울증, 신경증, 또는 조현병 등의 이름으로 정신병을 진단하고 이런 병을 앓는 사람들을 치료하려 했던 역사에서 잘 드러난다. 이는 곧 정신병 치료의 역사와 심리 치료의 역사가 겹치는 어둠과 혼란, 그리고 인간성에 대한 폐기의 역사이기도 하다. 21세기 대한민국에서는 거의 2백 년에 걸쳐서 나타났던 이 같은 혼란스러운 현상들이 동시대적으로 나타나고 있다. 이 현상은 무엇보다 의료진들이 조현병을 뇌의 이상에 의해 생긴 병이라 주장하고, 이것은 약물을 통해 억제 또는 치료될 수 있다고 주장하는 데서 잘 확인할 수 있다.

MC 꾸준히 치료하면 치료가 가능한가요?

이정석 좋아질 수 있습니다. 특히 조기에 치료하면 효과가 좋은
데 만약 치료시기를 놓쳐서 만성화가 되면 사회로 복귀하기 어
려운 경우도 있습니다.

위 대화에서 볼 수 있듯이 조현병에 대한 의문 중 가장 빈번하
게 등장하는 질문이 바로 "치료가 가능한 병인가요?"라는 것이다.
의료진들은 조기에 치료하고, 또 꾸준히 치료하면 분명 "좋아질 수
있다"라고 하지만 현실의 결과는 다르다. 이 병으로 진단받은 사람
들이 5년 이상의 치료를 거치면서 '좋아지거나 치료가 되었다'는 비
율은 20퍼센트 이하다. 현대 의학에서 가장 어려운 질병이라는 '암'
의 경우 회복 비율이 현재 50퍼센트가 넘는다는 사실을 고려한다면
조현병에 대한 현대 의학의 치료율은 그 자체로 경이적이라 할 만
큼 참담하다. 더욱 놀라운 것은 의료진들이 마치 신화처럼 믿고 있
는 '조기 치료설'이 현재 나타나는 많은 자료에 근거해볼 때 신빙성
이 없다는 점이다.

의료 통계에 따르면 조현병이라는 병은 보통 15~25세에 발병
하고, 평균 발병 연령은 남자에서 18세, 여자에서 25세 정도라고 알
려져 있다. 그런데 발병 당시에 조현병으로 치료받은 사람들이 5년
이후에도 완치되지 못하여 계속 치료를 받거나 약물을 섭취하는 상
태로 관리되는 경우가 50퍼센트가 넘는다. 정말 놀랍지 않은가?

이정석 가장 중요한 치료가 약물 치료예요. 앞에서 말씀드렸던 도파민을 안정화해주기 때문에 꾸준히 치료하면 사회에 복귀해서 지낼 수 있게 되는 것이지요.

이 의견은 사실일까? 실제로 한 번 조현병으로 진단받으면 언제 진단을 받았는지와 관계없이 거의 평생 짊어지고 가는 병이 될 가능성이 농후하다. 현재 의료진들이 경험하고 있는 조현병 환자들의 실제 상황이다. 그런데 위에 소개한 의견은 조기 치료를 하면 효과가 좋다고 말한다. 대체 어떤 근거에 기반을 둔 이야기일까? 더욱 놀라운 것은 의료진 스스로 "40대 이후에 조현병이 처음으로 발병하는 경우는 드물다"고 고백하면서도 이런 조기 치료 가능성을 운운했다는 점이다. 안타깝게도 이런 일이 벌어지는 경위에 대한 분명한 설명은 없다. 만일 조현병이 대다수 의료진의 주장처럼 뇌의 손상, 신경회로의 손상 또는 신경전달물질의 문제 때문에 발생하는 것이라면 오히려 40대 이후에 조현병을 처음 진단받는 경우가 더욱더 많이 확인되어야 할 것이다.

병의 원인도 모른 채 눈에 보이는 증상만 놓고 조현병이라는 이름을 붙이고, 신경전달물질과 신경, 그리고 신체에 영향을 미치는 약물을 투입하면서 "치료 시기를 놓치면 만성화된다"고 주장하는 것이 과연 과학자인 의사가 해야 하는 발언일까? 이것은 마치 대형 화재 발생 후 진압에 나선 관계자들이 "사전에 예방하거나 초동 대

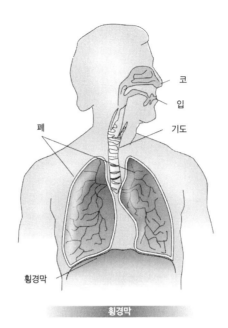

횡경막

처를 하지 않으면 큰불이 일어난다"고 주장하는 뻔한 처방과 그리 다르지 않다. 실제로 각종 방송이나 전문가들이 운영하는 유튜브에도 이런 언급이 꾸준히 등장한다.

오진승(정신과의사) 실제로 환청이나 망상 증상 때문에 폭력으로까지 이어지는 경우는 제대로 된 치료만 받으면 적어집니다. 약물 복용만 꾸준히 하면 좋다, 라고 말씀드릴 수 있고요. 요즘에는 약들이 좋아진 게 너무 많아요. 매일매일 안 드셔도 되고 한 달에 한 번 주사 맞으셔도 됩니다.[14]

14 〈닥터프렌즈〉 https://www.youtube.com/watch?v=g9NUHU_Ufy0

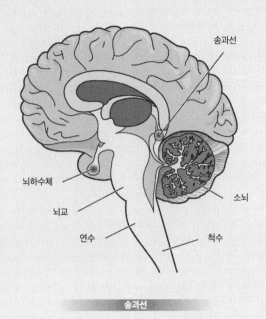

송과선

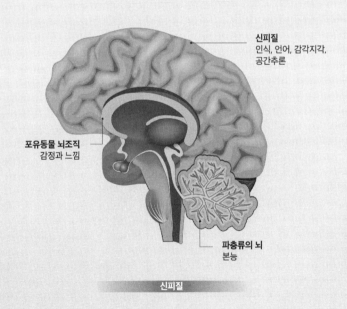

신피질

김동욱(맘편한의원원장) 예전에는 스키조프레니아(Schizophrenia; Schizo-찢어지다, phrenia-횡경막/마음) 즉 마음이 찢어져 있다는 의미로 심각한 정신적 문제를 가리킨다는 뜻으로 사용했는데요.[15]

의학사전을 보면 'phrenia'라는 단어는 'the diaphragm(횡경막, 가로막)' 'the mind(마음)'라는 두 가지 뜻으로 해석된다. 횡경막은 가슴과 복부를 구분하는 근육인데, 근대 이전에는 마음의 존재를 살아 있는 인간의 심장이 뛰는 것으로 생각했기 때문에 같은 단어로 쓰인 것이다. 우리가 흔히 '마음이 아프다'라고 할 때 '가슴이 찢어지는'이라는 표현을 쓰는 것 역시 횡경막 부위의 통증을 표현한 데서 비롯했다.

인간의 마음과 몸의 존재를 따로 구분해보려 했던 프랑스 철학자 데카르트(René Descartes, 1596~1650)는 '송과선(pineal gland, 松果腺)'에 마음이 존재한다는 '송과선가설(松果腺假說)'을 제기하기도 했다. 그 이후로 차츰 마음의 존재가 뇌에 있다고 믿는 의학자들의 일반적인 생각이 형성된다. 19세기 이후, 마음의 다양한 특성들을 뇌, 특히 신피질(neocortex)이라고 하는 영역 속에서 어떻게 확인할 수 있는지, 또는 뇌의 각 부위에 나타나는 고등한 정신 기능들이 마음을 어떻게 나타내는지에 천착하는데 이것이 바로 오늘날 우리가 뇌과학 혹은 신경심리학이라 부르는 학문의 핵심 연구 활동이 되었다. 그런

15   〈맘편한TV〉 https://www.youtube.com/watch?v=kT0-BI8K6V0

데 정작 조현병을 설명하는 의사들은 이제 아예 마음의 존재를 부정하면서 조현병은 '뇌의 이상을 동반하는 질환'이라는 표현으로 정신병을 '단순히 신체 기관의 일부인 뇌의 이상에 의한 병'이라고 주장하고 있다.

요즘에는 그런 심리적 증상이 아니라 뇌의 이상을 동반하는 질환이라는 부분에서 더 많이 연구되었습니다. 근본적인 원인은 신경계통의 손상으로 인해서 자신의 감각을 걸러주는 뇌 회로의 손상에 의한 것이라 볼 수 있습니다. 양성 증상(겉으로 보이는 환청 환각 분노조절장애 등)은 비교적 약물로 빨리 치료되지만, 음성 증상(고립, 혼자 있는 게 편함)은 치료하는 데 상당한 시간과 노력이 필요합니다.

위에서 말한 양성 증상 및 음성 증상은 병원에서 환자를 진단할 때 가장 널리 사용되는 'DSM'에 의한 것이다. '조현병은 얼마 만에 나을까?'라는 자막을 먼저 내보낸 뒤 출연자는 "조현병은 한 번에 낫지 않는다"고 힘주어 말한다. 그러면서 "퇴원 후 최소 2~3년은 약물을 복용해야 한다"고 덧붙였는데, 그 내용을 들어보자.

환자나 보호자분들께서 오셔서 오해하는 것들 중 하나가 입원 후 퇴원하시면 안정돼서 치료가 끝이라고 많이들 생각하시는데 제가 꼭 말씀드릴 수 있는 게 '조현병은 한 번에 낫지 않는다!'는 사실입니다. 신경계통의 문제는 쉽게 말하면 성격이 바뀌는 것처럼, 뇌의 체질이 바뀌어야 하는 만큼 상당히 오랜 기간 노력과 인내와 시간이 필요합니다. 한 번 입원 후 퇴원하시면 최소 2~3년은 약물 복용을 하셔야 합니다! 이렇게 말씀드리면 '평생 약을 먹어야 하나요?'라고 물어보시는데 환자분들, 그리고 보호자분들을 보면서 말씀드리고 싶은 것은 사람마다 다르고 경우마다 다르기 때문에 치료하시는 선생님과 충분히 상담 후에 치료 기간을 결정해야 합니다.[16]

이 영상에서 제공한 자료화면을 잠시 살펴보자. 사실, 이 내용을 여기에서 언급할지를 고민했다. 왜냐하면, 마치 약을 광고하듯 정확하지 않은 정보를 유튜브를 통해 전달하는 것에 시시비비를 가리는 그런 상황으로 보일 수도 있기 때문이다. 이런 내용을 이 책의 소재로 삼는 것은 마치 쓰레기를 집 안에 보관하는 것 같은 기분을 불러일으킨다. 하지만, 조현병의 치료와 관련하여 전문가라는 의사가 어떤 정보들을 대중에게 제공하는지에 대한 구체적인 사례와 정보를 보여주기 위해 여기에 포함시키기로 했다. 이 동영상은 '조현병은 얼마 만에 나을까?'라는 물음을 던지고 이에 대해 조현병을 치료하는 데 꾸준한 약물 치료가 필요하다는 내용을 그래프로 정리하여 소개했다. 내용은 조현병 진단 이후 시간 경과에 따른 약물 반응

---

16 〈맘편한TV〉 '조현병 치료의 오해와 진실' https://www.youtube.com/watch?v=SR3K6WgJC2Q

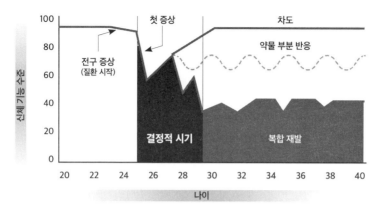

◇ 조현병은 얼마 만에 나을까

을 분류한 것이다.

여기에서 기준은 '신체 가능 수준'인데, 이를 일상생활을 유지하는 정도라는 말로 표현하여 분류해본다.

* **차도를 보이는 경우**: 신체 가능 수준이 발병 전과 유사
* 약물에 부분 반응을 보이는 경우: 신체 가능 수준이 발병 전의 60~80퍼센트 수준
* 약물에 반응을 보이지 않는 경우: 복합 재발의 형태로 약을 먹여도 신체 가능 수준이 발병 전의 30~40퍼센트 수준

여러 원인에 의해 조현병이 야기된다고 해놓고서 정작 약물 치료의 효과는 단지 사회적 기능 수행 정도로만 평가한 것이다. 그것도 주변인들이 '보기에 그러하다'는 수준이다. 또한 '조현병은 얼마

만에 나을까?'라는 질문에 대해 이 그래프는 반응이 있는 집단에서는 약 5년 정도의 시간이 걸리지만, 나머지 두 개의 집단에서는 약물 복용 시간과 큰 상관이 없음을 보여준다. 결국 영상을 내보낸 의사가 '최소 2~3년 약을 먹어야 한다'고 했던 이야기와도 맞지 않는다. 일단 이 의사가 하는 이야기를 더 들어보자. 그는 중요한 팁 중 하나가 '장기간에 걸친 안정적인 치료'라고 한다.

"약을 꾸준히 복용하면 문제가 생기지 않나요?" 하는 질문이 있는데 저희가 전공의부터 쌓아온 데이터와 논문들로 검증된 치료만 하기 때문에 약을 꾸준히 복용해도 전혀 문제가 없습니다.[17]

이 답변은 옳지 않다. 만일 이렇게 말하고자 한다면 한마디 추가해야 한다. "모든 정신과 약물은 약물 관련 사망률만 따져도 1~2퍼센트입니다. 관련 부작용들 역시 일일이 열거할 수 없을 정도로 많습니다" 하고 말이다. 이 사실을 충분히 알고 있을 텐데도 이렇게 단순화시켜 이야기하는 정신과 전문의는 '과학자'나 '연구자' 또는 전문가라고 하기보다 의사라는 타이틀을 활용하여 약을 판매하는 사람이라고 할 수밖에 없을 것이다.

17   〈맘편한TV〉 https://www.youtube.com/watch?v=SR3K6WgJC2Q

예후가 좋으니 약으로 치료하자는 함정

우리는 앞서 사례를 통해 우리 마음에 어떤 문제가 생기면 그 마음의 문제와 관련된 아픔들로 인해 일상과 건강이 상당히 위협받는다는 것을 알게 되었다. 그러나 '마음의 병'일 수도 있는 조현병을 소위 '정신과 의사'라는 사람들의 '막연한 믿음'과 같은 말을 맹목적으로 받아들이면서 언제부터인가 우리 모두 '조현병=뇌에 생긴 병'으로 받아들였던 것은 아닌지 묻고 싶다. 사실 이런 생각은 '조현병'에 대한 심리적인 원인을 심리학 연구자들이 탐색하는 것을 거의 포기하게 되면서 더욱 뚜렷한 현상으로 자리를 잡았다.

19세기 말부터 20세기 내내 의학계는 정신병의 문제를 뇌의 이상, 뇌의 신경전달물질이나 신경회로의 문제로 보려 했다. 여기에 뇌를 마음의 중추로 인정한 심리학자들이 동의하게 되면서, 인간에게 마음은 없고 몸만 있다는 생각이 더욱 뚜렷해졌다. 마음이 무엇인지 확실히 알지 못한 채, 막연히 마음이 뇌에 있을 것이라는 학자들의 믿음을 많은 심리학자들도 진리처럼 받아들였다. 20세기 후반부터 이런 믿음은 마치 신의 존재를 믿느냐 아니냐의 질문에 대한 답처럼 의학계와 심리학계를 막론하고 모두가 막연히 받아들였다. 이것이 바로 심리학계가 자신의 '마음(mind)'을 잃어버리고, 신체 장기의 일부를 마음이라 믿기 시작한 순간이라고 할 수 있다. 마음을 잃어버린 상태, 'mindless'는 말 그대로 자신의 존재를 인정할 수 없는 제정신이 아닌 상태를 의미한다. 이제 마음을 잃어버린 심리학계는 사람들이 겪는 마음의 문제, 마음의 아픔을 그저 지켜만 보게 되었다. 하지만 과학자로 자처하는 연구자들이 '마음'을 뇌의 문제로 보든 말든 '마음의 아픔이나 문제'는 항상 모든 사람들의 일상을 지배하고 있다.

'마음의 문제나 아픔', 특히 내 문제가 아닌 타인의 마음에 생긴 아픔, 그리고 그에 따른 여러 가지 복잡한 문제들은 실상 이해하기가 어렵다. 함께 고민해주고 싶어도 곧 인내심에 한계가 찾아온다. 공감이나 동조가 지속되지 않으면 수용자의 입장에서는 '내가 나쁜 사람인 건가' '공감능력이 떨어지나' 등등 자책도 하게 된다. 그래서 우리는 '관심 갖다가 머리 아플 바에는 모르는 체하는 것이 상책'이라고 결론을 내리기도 한다. 눈에 보이지 않는 문제니까 원래 존재하지 않았던 것인 양 치부하는 것이다. 혹은 설령 눈에 보인다 해도 눈에 보이지 않게 제거해버리면 그만인 것처럼 생각한다. 우리는 자신도 모르는 사이 이 같은 방식의 마음에 대한 이해, 혹은 마음에 대한 접근방식을 심리 전문가이든 일반인이든 상관없이 자연스럽게 믿게 된다. 마음에 대한 특정한 형태의 마음을 가지게 되는 것이다.

그렇다면, 조현병 환자라고 이름 붙여 이들에게 강제 입원과 뇌 활동을 변화시키는 약물을 강제로 투여하는 '정신병 환자 치료법'에 대해 어떻게 대응해야 할까? 이것이 가장 어려운 문제다. 왜냐하면, 정신과 의사의 약물 치료법은 통념적으로 정상이며 보편적이고 일반적인 행태로 누구나 가능한 사고와 행동을 해야 한다는 강한 압력을 준다. 창의적인 인간으로 성장하기를 바란다는 구호 속에 사는 대한민국 사람들이 겪는 일이다. 조금 과장해서 표현하면, 조현병과 같은 마음의 상태를 갖추기 위한 완벽한 조건 아래 사는 셈이다. '아이디얼리스트'적인 마음을 가지고 '리얼리스트'적으로 생활하라는 압력을 강하게 받는 그런 상황이다. 만일 당신이 이 병으로 진단된 환자라면, 또 약물치료에 대해 아주 강한 거부감을 가지고 있다면, 당신 자신에 대한 치료법을 스스로 결정할 수 있을까? 죄송한 일이지만 당신이 정신병으로 진단받는 순간, 당신의 몸과 마음은 더 이상 당신의 것이 되지 않는다. 왜냐하면 당신은 자신에 대해 스스로 판단할 수 없는 사람으로 취급받게 될 것이기 때문이다. 다른 병의 치료에서도 환자가 자신의 병과 치료법에 대해 나름의 판단을 하기 어렵지만, 정신병과 관련되어서는 환자의 판단이 더욱더 고려되지 않는다. 이런 경우, 보호자와 같은 가족의 입장에서는 의사의 투약이나 치료를 더 믿을 수밖에 없다. 심지어 환자가 아무리 투약을 거부하더라도 보호자가 강하게 원하는 경우에는 '정신병 환자'이기에 보호자의 의사 결정이 더 중요하게 고려된다. 자기 마음을 잃어버린 사람이 겪어야 하는 사회적 조치이다. 아니, 자기 마음을 잃어버린다는 것은 바로 '자신이 사회에서 폐기된다'는 것을 뜻한다. 우리는 언제부터인가 그들을 이렇게 대하는 것이 옳다고 믿게 되었다. 마치 에덴동산에 사는 아담과 이브가 절대적으로 하느님의 명령에 따라야 하는 것 같은 관계가 된 것이다.

정신병 특히 조현병의 경우, 누군가의 마음 상태를 '병'으로 규정하는 순간, 의사는 이처럼 하느님과 같은 절대적인 힘을 가지게 된다. 한 개인의 삶의 책임과 권리가 그 개인에게 있지 않고 특정 전문 직업을 가진 사람이 보호자 이상의 권력을 가지게 되는 것이다. 개인의 자유가 증대되었다고 믿는 20세기 근대 사회, 아니 대한민국에서 만들어진 제도가 이렇다. 자기 마음을 잃어버린 사람들을 위해 우리는 이런 보호 조치를 만든 것이다. 게다가 누구도 이런 상황이나 제도에 대해 특별히 의문을 가지지 않을 뿐더러 문제 제기조차 하지 않는다. 심지어 내가 아닌 '미친 인간'들을 처리하는 것이라 믿으면서 더 안심한다. 사회가 당연히 폐기물을 처리해야 하기에 내가 조금의 책임감이나 관심을 가질 필요가 없다고 믿는다. 쓰레기 처리가 당연히 구청이나 시의 몫인 것처럼 '정신병' 환자로 진단받은 사람도 당연히 그의 가족이나 사회가 처리해야 한다고 생각한다. 사회와 국가의 안전을 위해 개인의 존재와 자유에 대한 속박은 공동체가 지불해야 하는 비용이라 믿기에 약이나 폐쇄병동 감금은 그 '미친 사람'들을 위해 더더욱 필요한 복지 활동이라는 믿음까지 가지게 된다. 하지만, 이제 우리는 조현병을 통해 이 사회에서 한 개인이 자신의 존재를 어떻게 인식하고, 또 어떤 방식으로 살아가야 할지에 대한 새로운 통찰을 얻을 수 있다. 예를 들어보자. 만약 어떤 사람이 이상한 말과 행동을 지속적으로 하는 상황이다. 사회는 곧장 뇌에 문제가 발생한 것으로 진단하면서 '조현병'이라는 딱지를 붙인다. 그러고는 '약물치료'를 강요하거나 폐쇄병동에 수용시키려고 한다. 이것이 전문가인 의사들이 일상적으로 하는 일이라면, 그 사람들의 역할이 과연 병을 치료하는 것인지 아니면 어떤 다른 일인지를 물어야 할 것이다. 게다가 이들이 '병의 단서'를 '병'이라고 진단하는 오류를 범하고 있는데도 이 문제를 환자나 보호자 아닌 제3자인 누군가가 지적하기란 쉽지 않다. 특히, 이런 활동이 전문가의 지위나 권위 아래 이루어진다고 할 때, 전문가 집단이 어떤 마음으로 이 문제를 대하는가도 중요하다. 이런 사회 분위기가 단순히 마음을 잃어버린 정신병 환자에게만 국한된 문제가 아니라 한 사회에서 살아가는 대다수의 사람들이 도대체 어떤 마음으로 살아가고 있는지, 또 살아가야 하는지의 문제와 직접 관련되어 있기 때문이다.

마음의 고통을 호소하는 사람이 처한 환경이나 고통의 진행 과정, 상태에 대한 면밀한 탐색 없이 전문가가 마치 '척 보면 알 수 있는' 그런 상황이 된다면? 그것은 권력이나 권위를 가진 인간이 하는 말에 그렇지 않은 사람은 무조건 복종하고 따라야 한다는 것을 모두에게 강요하는 것이나 다름없다. 보통 '법이나 질서'라는 이름으로 부르는 것들 말이다. 그런데 그것이 여의치 않을 때 한 개인에게 우리는 '정신병'이라는 이름을 붙이고 강제로 약을 먹게 만든다. 이런 경우, 정신병의 진단과 치료 과정은 더 이상 한 개인이 가진 통증에 대한 치료의 문제가 아니다. 한 사회가 가진 권력과 힘을 타인에게 어떤 방식으로 강요하는지 잘 보여주는 일상의 분명한 사례들이기 때문이다. 환자의 병이 무엇인지, 환자의 아픔이 왜 생기고 어떻게 발전하였는지를 환자 중심으로 보는 것이 아니라 진단하는 의사 마음대로 한다면? 환자가 호소하는 마음의 아픔이 무엇인지 파악하기도 전에 그렇게 호소하는 것 자체를 병으로 규정하고 그것에 따라 병명을 붙이는 것을 진단이자 치료 활동으로 간주하는 그런 상황이 벌어진다. 이것은 마치 국민의 뜻과 마음에 귀를 기울이겠다며 표를 호소하다가 정작 권력을 잡게 되면 자신의 패거리 중심으로 정치 활동을 전개하는 정치지도자들의 상황과 다르지 않다. 그 사회가 가진 정치의 개인 스토리가 바로 정신병 환자를 살펴보는 의사의 활동으로 잘 표현될 수 있다.

각 사람들이 가진 마음의 아픔은 그 사람이 놓인 상황이나 맥락에 따라 다르다. 당연히 그것을 해소하는 방식도 달라져야 한다. 하지만 의사는 이런 아픔을 간과하기 쉽다. 그들이 태만해서가 아니라 마음의 아픔에 대한 탐색은 의사의 전문성이나 활동 영역이 아니기 때문이다. 그렇기에, 그저 자신이 보고 싶은 것만 보면서 정신병이라 진단한다. 그리고 바로 그 순간부터 병에 대한 최상의 해법은 '약'에 있다고 믿고, 지속적으로 복약하는 것 외에 다른 해법을 찾아내기 어렵다고 생각한다.

조현병은 흔히 '조기 치료가 가능하다'고 말하지만 대부분의 경우 약물 치료를 해도 만성화되어 사회 복귀가 어렵다. 또한 입버릇처럼 혹은 변명처럼 언급되는 '조현병의 원인은 매우 다양하다'는 진단은 다시 말해 개개의 조현병 환자에게서 정확한 원인을 특정할 수 없다는 것, 그래서 근본적인 치료법을 알 수 없다는 말로 해석할 수밖에 없다. 그럼에도 불구하고 의료진이나 전문가들은 이 병과 관련된 '보이는 증상'을 '보이지 않게' 약물을 투약하는 것, 정신병동에 격리하거나 입원시키는 것을 치료라고 부른다. 이런 치료는 근본적인 치료가 아니기에 결과적으로 조현병 증상을 만성화하여 사회 복귀를 더 어렵게 만들 뿐이다.

정신건강의학계에서는 조현병을 조기 발견하거나 조기 치료했을 경우 흔히 "예후가 좋다"고 한다. 아이러니한 것은 '좋은 예후(豫後)'라는 말과 모순되게 '평생 약물 복용'의 필요성을 강조한다는 점이다. 평생 약을 복용하는 것과 조기 치료, 혹은 좋은 예후는 양립할 수 없는데도 말이다. 그러니 분명 둘 중 하나는 거짓이거나 혹은 둘 다 거짓이라고 생각할 수밖에 없다. 아마 정신건강의학과 의사들조차 자신들의 앞뒤 말이 다르다는 것을 부정하지 못할 것이다. 실제로 서울대학교병원 홈페이지에 소개된 '조현병의 예후' 중에는 '조현병으로 첫 입원 치료 후 5년에서 10년 추적 관찰한 연구 결과'가 있다. 10~20퍼센트 정도의 환자들이 좋은 결과를 가지는 것으로 되어 있고, 50퍼센트의 환자들이 현재의 치료에 반응하지 않으며, 20~30퍼센트의 환자들은 어느 정도 정상적인 삶을 살 수 있는 것으로 추정한다. 약 50퍼센트의 환자들이 약물에 반응을 보이지 않는다는 결과와 10~20퍼센트의 환자들이 좋은 결과를 가진다는 말은 현재의 조현병 치료가 치료이기 힘들다는 것을 간접적으로 알려준다. 그리고, 또한 첫 5년이 지나고 난 뒤에는 약물에 대한 반응도가 떨어지거나 퇴행, 무감각 등의 양상을 보이는 경우도 상당수 있는 듯하다.[18]

18   「조현병의 모든 것 이해하기」, 김성철 영남대학교 임상약학대학원 겸임교수, 약학정보원 학술자문위원.

나의 조현병은 약으로 나았다

다음은 〈다큐시선〉[19]이라는 프로그램에서 11년간 조현병 치료를 받았던 한 여성이 들려주는 이야기이다.

PD 환자분은 발병하신 지 얼마나 되셨어요?

L(24세) 저는 약 먹기 시작한 지 11년 정도 됐어요.

PD 11년이요? 그러면 몇 살 때 발병하신 건가요?

L 14살 때.

아버지 그래도 우리 L은 치료를 빨리 시작한 편이라 그래서 오히려 아직 많이 악화되지 않고 기능 손상이 많이 진행이 안 됐으니까 다행인 거죠.

19   https://www.youtube.com/watch?v=pGmGtQ3eoos

이 장면을 보니 조현병 당사자들조차도 약물 치료를 조기에 받아서 상태가 좋아진 것으로 이해하고 있다는 것을 알 수 있다. 심지어 환자의 아버지는 '신경세포가 더 손상되기 전에 약물을 투여해서 다행'이라고 생각한다. 자그마치 10년 이상 약을 먹는 것이 당연하다는 이런 마음은 대체 왜, 어디서부터 비롯된 것일까?

조현병 환자의 정체를 알려주겠다던 〈다큐시선〉은 그들이 어떻게 환자가 되었는지에 대해서는 전혀 이야기하지 않았다. '마음의 병'이 왜 일어났는지 묻는 대신 몸의 활동 상태를 억제하는 약을 처방하는 것으로 치료를 마쳤다고 생각한다. 이상한 일 아닌가? 최소 10년, 20년 동안 약을 먹으면서도 정작 자신은 빨리 약을 먹어서 뇌 기능 손상이 많이 되지 않았다는 이야기를 하고 있으니 말이다. 이 이야기를 어떻게 받아들여야 할까? 마치 인질범에게 세뇌된 인질의 독백 같은 이야기를 계속 듣게 된다.

아버지 그 대학을 다니다가 발병하면 입원치료가 됐든 뭐가 됐든 치료를 받아 대학으로 돌아갈 수 있어야 해요. 직장을 다니다가 발병하면 내가 단계적으로 치료를 받고 회복해서 다시 직장으로 돌아갈 수 있어야 되거든요. 그런데 그렇지 못하고 이 발병의 과정에서 제대로 시스템이 없으니까 망가져버리는 거예요

L 단적으로 말씀드리면, 애니메이션 제작자 일을 하던 사람이 정신재활시설에 들어가면 색칠놀이를 하고 있어야 되는 그런 상

황인 거예요. 그 정도로 수준이 달라요.[20]

조현병 당사자 본인도 폐쇄병동의 비인간적인 시스템을 비판
하지만 약물 치료에 대한 의문은 던지지 않는다. 심지어 정신병 환
자들을 위한 인권 단체 '파도손'의 대표조차도 환자들이 바라는 병
원 시스템에 대해 '약물 치료를 더 많이 받을 수 있는 것'이라고 당
연한 듯 이야기한다. 조현병 치료약은 조현병 증상을 완화시켜주는
것처럼 보여도 보통 환자의 신체를 거의 '넉 다운'시키게 마련이다.
일상생활을 거의 하지 못할 정도로 만들 뿐 아니라 정작 환자의 마
음을 정상으로 만드는 데엔 일말의 기여도 없는데 왜 이런 상황을
굳이 '치료'라고 단언하는 것일까? 약에 대한 과도한 기대 때문이
다. 이런 분명한 현상은 우리 의료계의 진료 행태뿐 아니라 대다수
의 의료 소비자로 살고 있는 대한민국 사람들이 약을 신봉하는 마
음에서도 잘 확인할 수 있다.

경북 영양군에서 조현병 환자가 경찰관을 살해한 사건입니다. 그
가 치료를 받았다는 병원을 방문해보았습니다. 지난 6년간 11번
에 걸쳐 입원과 퇴원을 반복했다고 합니다.
(중략)
'ㅊ'병원 이사장 입퇴원을 자꾸 반복하고 내용 보면 이분이 자꾸

20   https://www.youtube.com/watch?v=pGmGtQ3eoos

증상이 조금씩 안 좋아진다는 느낌이 있으니까. 약을 드시면 약이 잘 듣는 편이에요. 약을 안 먹으면 금방 또 증상이 나오는 분이고. 퇴원해서도 약을 계속 잘 드셨으면 이렇게까지 참담한 일이 벌어지진 않았겠죠.

〈추적 60분〉이라는 방송에 나온 내용[21]이다. 조현병 환자가 경찰관을 살해한 사건에 대한 'ㅊ'병원 이사장의 의견이다. 그는 조현병 환자가 약을 꾸준히 먹었다면 이런 범죄는 일어나지 않았을 거라고, 얌전하게 정신병원에서 생활할 수 있었을 거라고 말한다. 조현병에 대한 의료진의 믿음이 어떠한지 잘 보여주는 인터뷰다. 즉 대한민국의 의료진이 조현병 환자에 의해 저질러진 범죄 행위의 '원인'을 '어떤 식으로 정의'하고, 또 그 범죄를 예방할 수 있는 '방안'을 '어떤 식으로 처리'해왔는지 잘 보여준다.

이분의 말대로 조현병으로 진단받은 그 사람이 병원에 계속 입원한 상태로 약물 치료를 꾸준히 받았다면 범죄가 일어나지 않았을까? 그렇다. 범죄는 일어나지 않았을 것이다. 사회로부터 격리되어 약물에 의해 거의 폐인처럼 병원이라는 감금 시설에 계속 갇혀 있었다면 결코 이 범죄는 일어나지 않았을 것이다. 그런데 이 주장의 내용은 모순적이다. 의료진을 포함해 현재 우리가 조현병에 대해 알고 있다고 생각하는 내용이 잘못된 것이고, 즉 빙산의 일각에 불과

---

21   〈KBS 추적60분〉'아프거나 나쁘거나. 조현병 범죄의 진실'
      https://www.youtube.com/watch?v=jgVXCHAvFlw

한 것을 전체로 받아들인 오류를 범했고, 조현병에 대한 잘못된 판단을 근거로 치료법(이라 부르는 것)을 제시하기 때문이다. 정신병동 입원이니 꾸준한 약물치료 등은 한마디로 조현병으로 진단받은 사람들이 어떤 사람들인지 알지 못하기 때문에 일어나는 일이다.

> **최종혁 국립법무병원장** 일반 범죄 같으면 예를 들어서 내가 여기서 이득을 취하겠다든지 금전을 요구한다든지 그런 것 때문에 범행을 하는 거잖아요. 그런데 조현병 범죄는 증상에 의해서 하는 거니까. 또 약을 안 먹고 상태가 나빠지면 전에 하던 것을 똑같이 합니다.

정말 놀랍지 않은가? 각종 미디어나 유튜브에 나와 이야기하는 '정신건강 전문가'들은 조현병 진단과 치료, 대처법을 설명하면서 공통적으로 조현병은 뇌의 문제, 그리고 신경전달물질의 문제라고 입을 모은다. 그리고 무작정 '약을 먹이면 된다'고 말한다. 심지어 치료에는 타이밍이 중요하다면서 '조기치료'의 중요성을 역설한다. 조현병으로 4년 반 동안 치료받은 K씨의 사례는 이 같은 일반적인 견해를 쉽게 반박할 수 있는 유용한 사례가 될 수 있다. 누구의 입장에서 보느냐에 따라 이런 사례는 아주 잔인한 인간에 대한 우리 사회의 일반적인 인식을 알려주고 있을지도 모른다. 나치가 자행한 '인간 청소'와 별로 다르지 않다. 다만 현재의 우리는 '정신병 치료'라는 과학의 이름으로 이런 악행을 자행하고 있을 따름이다.

'마음의 병'에 대한 사회·국가의 인식

'마음의 병'이나 '정신병'을 앓는 사람들의 마음이 대체 어떠하기에 혹은 어떤 심리와 행동을 드러내기에 우리는 이들의 마음을 이해하기보다 신체 기관인 신경을 먼저 통제하고 억제하는 약물을 쓰려는 것일까? 왜 치료라는 이름 아래 이들을 사회로부터 폐기하거나 격리하는 방안을 택한 것일까? 대한민국 보건복지부 산하 '질병관리본부' 홈페이지는 이 '조현병' 치료에 대해 다음과 같이 언급하고 있다.

조현병 치료에도 다양한 방법이 있습니다. 그러나 만일 단 한 가지 치료 방법만을 선택해야 한다면 그것은 두말할 것도 없이 약물 치료입니다.

여기서 말하는 약물 치료란 신경전달물질인 도파민의 기능을 억제하는 약물을 환자에게 처치하는 것을 이른다. 도파민은 대뇌의 신경 활동 중 창의력이나 집중력, 혹은 상상력과 같이 뇌가 고등 중추 기능을 수행하게 해주는 신경전달물질이다. 따라서 조현병을 치료하는 약의 기능이 도파민의 기능을 억제하는 것이라면 그 효과란 곧 환자의 뇌가 수행하는 고등한 정신 작용을 마비시키는 데 지나지 않는다.

마음의 병이란 '신경전달물질이 잘못 작용하여 고등 정신 활동이 통제할 수 없는 수준으로 과도하게 이루어지는 것'이라는 '도파민 가설'을 굳게 믿고 있다는 것을 은연 중 인정하는 꼴이다. 그렇다. '도파민 가설'이다. 정신병 또는 조현병과 관련된 많은 과학적 연구에서 이 도파민 가설이 지지를 받을 수 없는 많은 증거들도 차고 넘친다. 하지만, 현재 공식적으로 의학자들은 자신들이 주로 정신병과 관련된 약을 사용하여 신경전달물질이나 신경계의 기능을 억제하는 것을 마치 병의 원인을 치료하는 것처럼 생각한다. '치료'라는 이름으로, 약을 통해 인간의 마음을 관리, 조절하는 고등중추 기능을 억제하도록 만들 뿐이다. 이것을 조금 과장하여 표현하면 '흥분하여 날뛰는 코끼리를 한 알의 약으로 잠자는 것처럼 조용하게 만들었다'고 자랑하는 셈이다. '마음의 병'과 그 치료법을 바라보는 대한민국 정부의 인식을 단적으로 보여주는 사례이다.

정신 치료 약물의 탄생? 발견!

그들이 만병통치약이라 믿고 있는 정신과 의약품이란 대체 무엇일까? 여기서 잠깐 EBS의 다큐멘터리 영상[22]을 통해 정신과 약의 발명 과정을 함께 보자. 이 내용을 세계정신의학회 회장을 지낸 닥터 피에르 피쇼(Pierre Pichot, 1918~)는 다음과 같이 자랑스럽게 설명한다.

한 번은 의대학생들을 데리고 병원 견학을 시키고 있는데 한 환자
가 천장을 쳐다보면서 자기한테만 들리는 목소리와 대화를 하고
있더군요. 그걸 본 한 학생이 "알약 한 알만 먹이면 환자들을 저런
고통 속에서 해방시켜줄 그런 방법이 없나요?" 하고 묻더군요.
저는 기특하다는 듯이 웃으면서 말했죠. "그런 약까지는 못 만들
지만 머지않아 지금보다는 훨씬 더 나아질 수 있다"고 말입니다.
그런데 그 말이 틀린 얘기가 되어버렸어요.

그 말대로 알약 하나로 고칠 수 있는 가능성을 처음 발견한 곳
은 프랑스 파리였다. 한 일반 병원에서 우연한 사건이 계기가 되어
완전히 새로운 치료법이 시작된 것이다. 이어서 환자들이 희망을 가
지게 됐을 뿐만 아니라 의사들이 정신병을 바라보는 시각도 혁신적
으로 변한다. 앙리 라보리(Henri Marie Léon Laborit, 1914~1995)라는 한
프랑스 외과의사는 수술에 들어가기 전 환자들을 진정시키는 방법
을 연구하고 있었다. 그는 기존의 약품에 항히스타민제를 첨가해서
'클로르프로마진(chlorpromazine)'이라는 새 약품을 만들었는데, 이것
이 환자들을 진정시키는 데 상당히 효과가 있었다.

처음 실험이 시작된 곳은 프랑스의 성 안나 정신병원이었습니다.
그 당시 유럽에서는 정신분열증이란 신경조직이 잘못돼서 일어난

병이니까 도저히 치료가 될 수 없다고 생각했죠. 장 그레이와 피에르 데니커가 처음으로 여기에 반기를 들었습니다. 그 팀의 일원이었던 던 피에르 피쇼는 이렇게 말했습니다. "당시에 정신의학에서는 정신이상의 생물학적인 메커니즘에 대해서 모르고 있었어요."

이렇게 해서 정신을 치료하는 새로운 분야가 생겨났다. 전에는 환자를 잠재우는 최면제뿐이었지만 이제 의식은 그대로 두고 증상만 사라지게 할 수 있는 약이 나온 것이라며 환호했다. 당시 사람들이 '보기에' 이것은 병만 공격하는 전혀 새로운 약이었다. 이런 상황에 대해 피쇼 교수는 아주 담담하게 설명한다.

어떤 면에서 보면 정신분열증 약의 발견도 다른 정신분석 치료법과 같은 맥락이었죠. 이것저것 해보다가 좀 효과가 있다 싶으면 계속 해보는 겁니다. 어쨌든 잃을 것은 없으니까요. 그래서 시도를 해봤고 그게 맞아 떨어진 거죠. 그것뿐이에요.

프랑스의 딜레이(Jean Delay, 1907~1987)와 데니커(Pierre Deniker, 1917~1999)는 1952년 페노사이아진 유도체인 클로르프로마진이 조현병 치료에 효과가 있다고 발표했다. 이쯤에서 우리는 닥터 피에르가 현대 정신의학계를 대표하는 의사의 한 사람임을 눈치챌 수 있을 것이다. 그는 장 딜레이의 제자로 EBS 다큐멘터리 영상에 등장하여 정신의학 약물의 발견에 대해 자랑스럽게 설명하고 있는데, 1971년부터 1973년까지 3년간 프랑스 행동인지치료학회 회장, 1977년부터 1983년까지 무려 7년 동안에는 세계 정신건강의학회 회장을 역임했을 정도로 지명도가 높은 인물이었다. 그가 100세 생일을 맞이했을 때(2018) 파리에서는 대단한 학회가 열렸다. 세계보건기구(WHO)와 세계정신건강의학회(WPA) 관계자들이 대거 참석하여 일본 멕시코 페루 러시아 등지의 정신과 의사들과 교류하고 후배 정신과 의사들을 배려해준 그의 업적을 치하하였다. 피쇼는 조현병 환자에게 클로르프로마진이라는 약물의 효과를 평가하기 위해 수행했던 실험에 대해 다음과 같이 말했다.

우리들의 연구 방식이래야 그냥 우연히 맞기만 바라고 해보는 거였죠. 만약 진정 효과가 있다면 혹시 또 다른 데서도 효과가 있을지도 몰라, 뭐 이런 식으로요.

그런데 이 실험은 정신질환자들뿐 아니라 당시 간호사로 일했던 사람들을 대상으로도 이루어졌다. 즉, 피에르 피쇼는 정신질환자라는 사람들에게 이 약이 어떠한 약인지 미리 알려주는 절차 없이, 환자의 동의를 구하는 절차 역시 없이, 환자에게 어떠한 위험을 초래할 수 있는지 의사조차 알지 못하는 화공약품을 '우연히 맞기만 바라고 해보는' 혹은 '효과가 있을지 몰라서'와 같은 생각으로 환자에게 실험을 시행했다고 고백한다. 영상 속 그의 말을 좀 더 따라가

보자.

2주가 지나니까 환자 두 명에게서 증상이 완전히 사라져버렸어요. 이런 적은 진짜 처음이었죠. (중략) 그래도 전 못 믿었어요. 실수라고 생각했습니다. 그런데 다시 3~4주가 지나니까 다른 환자들도 마찬가지로 치료가 됐어요. 이건 정말 거짓말처럼 나아버렸어요. 말이 되건 안 되건 병이 없어진 건 사실이었고 어떤 연유인지도 몰랐죠. 치통에 아스피린을 먹는 거나 마찬가지였어요. 아스피린이 충치를 없애지는 못하지만 일단 증상은 없애니까요.

피쇼는 실험에 참여한 모든 환자가 '정말 거짓말처럼 나았다' '말이 되건 안 되건 병이 없어진 건 사실'이라고 말한다. 그러면서 '치통에 아스피린을 먹는 거나 마찬가지' '아스피린이 충치를 없애지는 못하지만 일단 증상은 없애니까'라는 말도 함께 덧붙였다. 여기서 "피쇼 씨, 당신의 치아는 진통제(아스피린)를 먹어도 썩은 채 있을 것이고, 어쩌면 더욱 썩어갈지도 모르는데, 정말 거짓말처럼 나아버렸다고 생각하시는 건가요? 당신이 먹은 아스피린의 통증 억제 효과는 잘해야 6시간 정도입니다. 결국 당신은 또 다시 치통으로 고생할 것이 분명해 보이는군요"라는 질문을 불쑥 던지지 않을 수 없다. 이 유명한 정신의학 대가라는 피에르 피쇼는 '증상이 잠시 사라지는 것'을 두고 '병이 없어진 것' 또는 '치료했다'라고 말한다. 일반적인 의사들의 오류를 쉽게 고백한 것이다. 눈에 보이지 않는 마음의 병을 다루고 치료하려고 할 때에는 이런 실수를 누구나 할 수 있다. 그렇기에, 아니 당연하고도 안타깝게도, 피쇼 박사는 자신의 치료법이 '정신분석'과 별로 다르지 않다고 계속 주장한다. 약은 몸의 병을 다루고, 정신분석은 마음의 병을 다룬다는 가장 기본적인 차이조차 부정하면서 말이다.

어떤 면에서 보면 정신분열증 약의 발견도 다른 정신분석 치료법과 같은 맥락이었죠. 이것저것 해보다가 좀 효과가 있다 싶으면 계속 해보는 겁니다. 어쨌든 잃을 게 없으니까요. 그래서 시도해 봤고 그게 맞아떨어진 거죠. 그것뿐이에요.

정신질환을 앓고 있다고 판단한 사람, 마음의 혼란을 겪고 있거나 마음이 아픈 사람, 아니, 한 인간을 피쇼는 대체 어떠한 시선으로 바라보고 있는 것일까? "이것저것 해보다가 좀 효과가 있다 싶으면 계속 해보는 겁니다"라는 말에서는 인간과 실험용 쥐를 동일선상에 두고 보는 건 아닌가 하는 의구심마저 들 정도다. 하지만 압권은 그다음이다. "어쨌든 잃을 게 없으니까요"라는 대목에서는 탄식과 분노가 함께 일어날 뿐이다. 항정신병약물이 사망률·자살률을 올리고 회복되지 않는 여러 심각한 부작용을 야기한다는 것은 굳이 뉴스나 논문까지 구글링하지 않더라도 의과대학 신경정신의학과 학생이라면 누구나 쉽게 교과서에서 찾아볼 수 있는 내용이다. 세계 정신건강의학회의 회장을 7년간 역임했던 정신과의사이자 의학교수인 피쇼는 정말로 정신과약을 복용한 환자가 어떤 일을 겪는지 몰라서 '어쨌든 잃을 게 없다'고 말한 것일까? 아니면 '잃는'다거나 '겪는'다고 할 때의 당사자가 정신질환자이지 자신과 같은 보통 사람은 아니라는 말을 하고 싶었던 것일까? 그에게 묻지 않을 수 없다.

이로써 1950년대 중반부터 의학계에서는 항정신병약물인 클로르프로마진을 너무나도 성급히 마음의 병 치료법으로 채택한다. 하지만 이들은 '마음이 아픈 것도 병'이라 하면서도 정작 그 병의 원인조차 규명하지 못한 채 화공물질에 가까운 약물을 인간의 신체에 주입하는 놀라운 우를 범했다. 18~19세기까지 자연스럽게 시행되었던 신체적 학대나 20세기 초반에서 중엽까지 급속히 유행했던 뇌신경 절제술과 같은 정신병 치료법과 하나도 다르지 않은 치료를 반복한 것이다. 과학적이고 안전하게 만들어졌다는 정신과 약의 발명이라는 것이 이렇게 우연에 의해 만들어지고, 또 환자에게 적용되었다는 사실을 확인하고 나니 당신은 어떤 기분이 드는가? 정신과 약에 의해 '마음의 아픔'이 치료되기는커녕 마치 마구 날뛰는 코끼리를 약으로 마취시켜 조용하게 만들 듯이 조용하게 만든 것일 뿐이다. 그 사람이 어떤 문제를 가졌는지 파악할 필요 없이 그냥 조용히 만든 것뿐이다. 마취제와 유사한 약물로 사람을 잠재워 증상만을 눈에서 안 보이게 함으로써 '문제를 해결한 듯한' 착각을 주는 것이 '새로운 방법'이 된 셈이다. 만일 이런 일이 암환자에게 일어났다면 어떻게 되었을까? 암환자에게 마취약을 투여해 통증만 사라지게 했다고 해서 암을 치료했다고 말하기는 힘들다. 오히려 증상을 눈에 보이지 않게 은폐시켜 해결된 것처럼 느끼게 해주는 행위야말로 환자들을 더욱더 위험에 빠지게 만드는 것 아닐까? 개인의 마음이 눈에 보이지 않기에, 그리고 눈에 보이지 않는 각 개인이 가진 마음의 아픔을 과학이 아직은 제대로 처리할 수 없기에, 이런 믿지 못할 일들이 벌어진 것이다.

정말로 필요했던 치료는

: 누구나 알지만 아무도 모르는

그들에게 진짜 필요했던 것

'아픈 마음' 때문에 고통받는 사람들에게 가장 중요한 것은 '내가 이 사람한테 얼마나 이해를 받고 있는가' 하는 공감의 문제이다. 사실 실제로 상담소를 찾아오지 않는 사람들 중에도 이와 비슷한 울분을 안고 사는 경우가 많다. 다만 그런 분노와 울분이 쌓이고 쌓여 표출되거나 적절하게 해결되거나 하는 지점에서 차이가 날 뿐이다. K씨의 경우도 마찬가지다. 나는 K씨의 어머니에게 약으로 지내야 했던 그 아들의 마음을 대신 설명했다.

황   아드님이 진짜 원했던 건 누군가 본인의 억울함을 알아주는 거였어요. 군대 있을 때 아드님이 더욱더 위축되었고, 제대 후 히키코모리 같은 생활을 하고, 더는 복학도 하고 싶지 않다고 했잖아요. 아드님한테는 제대하는 말년에 벌어진 일이 도저히 받아들일 수 없을 만큼 억울했던 겁니다. 그런데 본인이 그것에 대해서 이야기하기도 좀 그러니 자책하게 된 거고, 그러다 보니 상황이 더 나빠졌던 거죠. 집에서 있으면서 아버지한테 한 소리 들었을 거고, 또 그랬을 때 본인이 사소한 데 촉발되어 발작적인 행동을 보였을 텐데, 막상 그렇게 되면 본인도 자기를 어떻게 받아들여야 되는지 모르고, 그러니 더 겁이 나고 더 걱정되고 그랬을 겁니다. 기댈 수 있는 사람은 엄마뿐인데 엄마는 또 그걸 병이라고 생각해서 치료를 받으라고 하니 아이 입장에서는 의존할 수 있는 게 약밖에 없는 상황으로 돌아선 겁니다. 이게 지금 아드님과 어머님이 처해 있는 상황이에요.

(중략)

황 우선 저는 규칙적인 행동을 해보길 권합니다. 이걸 하려면 어머님 말씀대로 생활이 관리되어야 하거든요. 그런데 지금 아드님은 그렇게 하기가 너무 힘들어요. 아드님과 비슷한 경우의 친구에게 어떤 일을 시켰냐 하면요, 아침에 일어나면 먼저 산에 갔다 오고, 그러고 나서 집에서 한 시간 정도 떨어진 곳에 있는 편의점에 가서 알바를 하라고 시켰습니다. 편의점 알바를 4~6시간 한 다음 또 운동을 하든지 아님 네가 하고 싶은 거를 하든지 그러라고 했어요. 그런 식으로 생활 관리를 해보라고 시켰더니 3개월쯤 지나고 나서 몸무게가 15~20킬로그램 정도 빠지면서 훨씬 정상적인 생활을 하게 됐답니다.

| 어머니 | 저도 지금 그런 걸 원합니다. 편의점이든 뭐든 가까운 곳에서 뭘 해보는 건데요. 아직까지는…….
| 황 | 그럼요, 본인이 하고 싶지 않거나 본인이 하고자 않으면 절대 이루어질 수 없는 일이지요. 뭐든 하겠다는 마음이 생기면 그때 스케줄을 딱 주면서 '3개월 이상 해보고 몸무게가 10킬로그램 이상 떨어지면 다시 상담을 받으러 갈 수 있다'고 얘기하세요. 그렇게 일상만 잘 관리해도 참 기적 같은 변화가 일어나거든요. 그런데 지금 아드님은 그렇게 할 만큼 절실하지는 않은 것 같아요.
| 어머니 | 네, 맞아요.
| 황 | 아드님의 체중이 10~20킬로그램 이상 빠지지 않으면 본인 스스로 자기 자신에 대한 자신감을 가지기 힘들어요. 그거라도 차근차근 해나가도록 계획을 세워보세요.
| 어미니 | 그러겠습니다.

K씨의 어머님은 그동안 아들이 겪는 문제나 어려움을 보면서 충분히 힘들었을 것이다. 또 조현병이라고 진단받고 나서 '내 아들이 조현병이구나' 하고 믿었던 그 순간부터 나름대로 엄청난 노력을 기울였다. K씨는 갑자기 뇌에 손상이 생겨서 뇌의 신경회로가 망가진 게 아니다. 뇌에 종양 같은 게 생겨서 조현병에 걸린 것도 아니다. 즉 "조현병은 뇌가 손상되거나 신경회로가 파괴되어서 생기는 것입니다"와 같은 의사들의 일반적인 선언이 K씨에게 똑같이 적용

되는 것으로 받아들일 필요가 없었다. 그러나 안타깝게도 그는 4년 반 동안 본인이 조현병이라 믿고 조현병 약을 먹었다. 그 결과 K씨는 신체적으로도 조현병 환자가 보이는 특징들을 그대로 보여주게 되었다.

황   일차적으로 자기 문제가 뭔지 모르더라도 조현병이든 또는 다른 정신병으로 진단받은 사람들이 일단 자기 생활을 규칙적으로 하는 습관만 들여도 그 문제나 증세라고 하는 것들이 사라집니다. 역으로 이야기하면 정신병 환자라는 진단은 어떤 사람이 규칙적인 생활 관리를 하지 못하는 상황일 때 가장 먼저 받게 되는 진단일 수 있습니다. 이 점이 바로 정신과 의사와 심리학자의 다른 점입니다. 심리학자는 인간의 마음과 행동에 대해서 이야기하죠. 그런데 우리가 보통 '병'이라고 할 때는 증상을 이야기하지 원인을 이야기하지 않습니다. 이게 사소해 보이지만 아주 큰 차이를 만들어내는 지점입니다. 특히 의사들이 말하는 정신병은 증상의 의해서 그 병의 명칭이 붙여지고 구분될 뿐, 결코 원인을 알려주지는 못합니다. 특히 현대 의학의 정신병 분류 자체가 그렇게 만들어졌습니다. 그런데 심리학과 교수로서 오래 생활했다는 그 선생님조차 그 부분을 분명하게 인식하지 못했다는 게 참 놀랍습니다. 그분 스스로 유사한 병을 겪었다고 하는데, 그러면서도 그 병에 대해서 완전히 파악하지 못했다는 게 정말 안타깝습니다.

어머니　자고 싶다고 하면 그냥 푹 재우라고 하셨어요.

황　그러게요.

어머니　박사님께서는 규칙적인 생활을 하라고 말씀해주시는데 거기서는 너무 상반된 말씀을 해주셔서 제가 많이 헷갈려요. 그런데 약을 먹으면 계속 잠만 자요.

황　그렇죠!

어머니　이런 거 얘기해도 계속 재우라고 말씀하시던데요.

황　제 입장은 그래요. 이왕 약을 복용하기 시작했다면 최소한만 먹어야 된다고 생각합니다. 그분이 왜 '약을 꼭 먹어야 된다'라고 생각할까요? 아마 그분 스스로 어머님한테 조현병의 원인을 가르친다 하면서도 실제로 의사들이 만든 조현병이라는 프레임에서 벗어나 '내 환자의 이 병이 어떻게 발생했나' 하는 점을 제대로 보지 못했기 때문일 겁니다. 실은 그분도 억울하죠. 저도 35년에서 거의 40년 동안 심리학을 공부하면서 그 부분에서 자유롭기 시작한 지가 10년이 채 안 됩니다. 저 역시 심리학을 40년 정도 공부했는데요, 그동안 제가 가졌던 가장 큰 의문은 정신병이라는 것과 심리학에서 이야기하는 이상 행동의 차이가 뭔가, 하는 것입니다. 파악하기가 정말 어려웠어요. 그러다가 약 10년 전부터 그 부분에 대해서 조금 이해가 되거든요.

인식의 변화

약 100년 전, 대부분의 의사들이 히스테리 환자들은 전부 뇌에 손상을 입거나 신경계에 문제가 생긴 것이라 생각했을 때 프로이트는 여기 의문을 가졌다. 왜냐하면 히스테리 환자의 신경계에 어떤 문제가 있는지 아무리 찾아보아도, 또 그 병에 걸린 사람의 뇌를 해부해보아도 단서를 찾아내지 못했기 때문이다. 그러던 중 어느 순간에 그는 답을 찾았다. 히스테리 환자들이 자기 자신에 대해 가지고 있는 답답한 마음을 표현하고 또 그것에 대해 이야기하는 것을 받아주는 일련의 과정을 거치자 그들의 행동이 바뀌고, 마음의 아픔이 사라지는 것을 경험한 것이다. 히스테리 환자의 이야기를 들어주면서 그들에게 자신의 마음을 솔직하게 표현하게 했더니 손발의 마비

◇ 지그문트 프로이트. 오스트리아의 심리학자·신경과 의사. 정신 분석학의 창시자로, 정신 분석의 방법을 발견하여 잠재의식을 바탕으로 한 심층 심리학을 수립하였다. 저서에 『꿈의 해석』, 『정신 분석학 입문』 등이 있다.

증상을 보였던 히스테리 환자들의 이상 행동 증세가 없어지기 시작
한 것이다.

　프로이트는 여러 명의 환자를 통해 이와 같은 경험을 하게 되
었고 이로써 우리가 지금 알고 있는 '프로이트의 정신분석'이라는
이론이 만들어진 것이다.

황　　프로이트가 쓴 자서전을 처음부터 다시 읽어보면서 저는 정
　　　　신병에 대한 이해의 수준이 100년 전이나 지금이나 똑같다
　　　　는 걸 알았습니다. 차이는 여전히 '마음의 아픔'과 '몸의 병'
　　　　을 제대로 구분하지 못하는 데 있어요. 그저 '병'이라고 하
　　　　면, 그게 몸에 나타나든 마음에 나타나든 같은 것으로 취급
　　　　하는 아주 놀라운 일이 발생하고 있는 거죠.

어머니　사람만 바뀌고……. 모든 역사가 그렇지 않나요?

황　　그런데 프로이트 시대와 지금의 차이는 있어요. 지금은 의사
　　　　들이 약을 믿고 처방해주잖아요? 당시에는 정신과 약이라는
　　　　게 따로 없었거든요. 결국 그 차이밖에 없는 거죠.

어머니　그렇죠.

황　　여전히 병의 '원인'에 대해서 탐구하는 것은 옛날이랑 같아
　　　　요. 다들 과학이 발전했다고 하고 의학이 눈부시게 발전했
　　　　다고 하지만 정신의학의 발전은 100년 전이나 지금이나 별
　　　　로 차이가 없습니다. 물론 발전한 것도 있어요. 병명을 분류
　　　　하는 거, 앞에서 잠깐 언급한 DSM이라고 하는 분류 시스템

이 1960년대에 만들어지면서 그게 세분화되었거든요. 그런데 이것은 병명을 분류하는 게 아니라 증상을 분류하면서 그걸 범주화하고 의사 본인들이 심리학자들처럼 각 증상들을 행동으로 분류하기 시작하는 방법을 받아들이면서 가능하게 된 것입니다. 심리학을 조금만 공부해도 '어떤 증상을 병이라 분류하고 진단'하게 되는 게 왜 가능한지 금방 알게 되지요. 그리고 그랬을 때 진단이라는 것은 무슨 근거로 이루어지는가를 눈에 보이는 증상들을 근거로 진단하는 것이지 신경을 보고 혹은 신경의 뭐 특정한 신경회로를 확인하고 손상된 거를 보고 그러는 게 아니라는 뜻입니다.

자신이 '조현병 환자'라고 믿고 찾아오는 대다수 사람들은 K씨의 경우와 비슷했다. 그들 역시 일상의 생활에서 마음의 아픔을 호소하는 보통 사람 중의 한 사람일 뿐이었다. 뇌가 손상되어 폐기되어야 하는 그런 사람이 아니라는 뜻이다. 이 점에서 심리과학자인 나는 정신과 의사와 큰 차이를 보일 것이다. 즉 언뜻 이해하기 어려운 이야기를 참을성 있게 경청하면서 그들이 어떤 상황에서 어떤 경험을 했는지 본인 스스로 분명히 자신의 마음을 표현하게 해주는 일련의 노력을 포기하지 않았다는 점이다. 아래 인용한 것은 어느 매체와의 인터뷰에 실렸던 내용이다.

저한테 조현병 약을 몇 년 동안 복용하다가 오신 분도 있어요. 어떤 분은 조현병이라고 충분히 진단받을 수도 있었겠다 싶은 생각도 듭니다. 저한테 와서 한 시간 동안 저랑 대화하는 게 아니라 혼자 막 떠들어대는 분도 있지요. 그런 분들께서 종종 폐쇄병동 이야기를 하시는데, 그럴 때 저는 그분 이야기를 끝까지 들어요. 진짜 마음 같아서는 매일 오셔서 그렇게 이야기하세요, 하고 싶습니다. 그분은 그동안 누구도 자기 이야기를 들어주지 않았기 때문에 저만 보면 막 다 이야기하고 싶은 거죠. 이럴 때는 본인이 하고 싶은 말을 다 쏟아낼 수 있도록 기다리면서 들어줘야 해요. 그런데 부모는 그걸 못 하고, 마냥 기다릴 수 없으니 폐쇄병동에 집어넣고 그러는 거죠. 어떤 분은 폐쇄병동에 들어가게 되었는데 그게 너무 억울해서 국가인권위원회에 진정서를 냈대요. 의사가 조현병이라고 진단한 사람이 말이에요. 국가인권위원회에 진정서를 낼 만큼 지적 능력이 있는 사람을 조현병이라고 진단해버리면 대체 이놈의 병이 무슨 병이냐 하는 안타까운 마음이 듭니다. 독재국가에서 반정부 인사를 정신병 환자로 몰아서 구금해놓고 약을 먹이는 짓과 다르지 않잖아요?

정치적으로 굳이 설명하지 않더라도, 21세기 대한민국에서 자연스럽게 일어나는 정신병 환자에 대한 처리법은 1950년대부터 1970년대까지 소련에서 아주 일상적으로 벌어졌다. 21세기 대한민국 사회는 공산 독재국가는커녕 세계에 자랑할 수 있는 높은 경제력과 의료 수준을 갖춘 자본주의 민주국가의 대표적인 나라로 간주

된다. 그럼에도 불구하고, 이 나라의 정신과 의료 전문가들은 어떤 정치권력에 못지않은 힘을 발휘하고 있다. 아니, 정신과의사라는 권위에 의해 독재국가에서 일어날 수 있는 개인의 권리를 침해하거나 무시할 수 있는 일들을 진료라는 형태로 벌이고 있다. 또 국가권력은 이런 권력을 사법 기관이 아님에도 불구하고 보장해주는 법까지 만들어내며 동조한다. 물론 의사들이 이런 문제 사건이나 상황에 대해 어떤 나쁜 의도를 가지고, 모든 걸 다 알고 하지는 않을 것이다. 그들도 본인의 삶을 고민해야 되는 상황일 테니 말이다.

이번에는 조현병을 당사자로서 경험한 다른 사람들의 이야기를 들어보자.

S(49세) 군 사령부에서 실태 조사한다고 엄청나게 쑤셔댔습니다. 그때 너무 무리를 했는지, 어느 날 갑자기 불안하고 부대에서 나를 막 감시하는 것 같고, 몰래카메라가 나를 만날 따라다니는 것 같고, 다른 사람이 날 막 해칠 것처럼, 죽일 것 같단 생각도 들고……. 글을 적어보라고 하면 얼토당토않게 막 적는 경우, 말도 안 되게 적는 경우가 있었거든요. 불안감은 망상장애로 이어졌고, 결국 제대 이후에 폐쇄병동에 끌려갔습니다. 그랬다가 2010년 12월 1일에 퇴원했는데, 그 뒤로 지금 9년 동안 약을 먹고 있습니다.

PD 그러면 10년 넘게 병원에 계셨어요?

S 네, 10년 7개월 있었죠. (1990년) 5월에 입원해서 (2000년) 12월에 퇴원했으니까.

PD 그렇게 오래 계셨어요?

S 그때 병원은 수용소 개념이었어요. 제가 입원했을 때까지만 해도 정신 장애인들은 사고만 치고 사회에 도움이 안 된다, 이런 생각을……. '미쳤다' 이런 생각이 강해서…… 치료한다기보다 수용한다는 개념이 강했어요. 누나들이 보호자였어요, 보호자.

L 제 옆에 있던 어떤 언니거든요. 25년 동안 정신병원에 갇혀 있었어요. 스무 살에 병원에 들어와서 아직까지 나가지 못 하고 있습니다. 이분의 역사를 말씀드리면 어린이 성폭력 피해자예요. 그 가해자는 친족이에요. 보호자 입원입니다. 우리나라는 가부장제 사회이기 때문에, 이런 일이 벌어졌을 때 어떻게 합니까? 이 여자가 미친년이 되면 돼요, 그죠? 말할 수 없죠. 말을 했기 때문에 들어온 거예요.

P 열네 살 때, 저는 그때 부모님 곁에 있을 때는 너무 연약하고 어리고 잘 모르는 그냥 학생이었기 때문에 그분들이 왜 나한테 이럴까 이런 생각을 많이 하고 자해도 하고 이랬는데……. 지금은 알죠. 저를 비난함으로써 좀 더 편해지고 싶으셨던 거 같아요. 죄책감에서 자유롭고.

L 그리고 약간 당사자가 어떤 존재냐 하면 그 모순 안에서 스트레스를 흡수해버리는 사람이 돼요. 나머지 구성원은 상대적으로 당사자한테 원인을 전가해버리면 다른 사람들은 약간은 평

화가 유지돼요. 이게 사회로 확장되는 거죠. 정신질환을 가진 사람들한테 문제를 개인의 문제로 던져버리면 되는 거잖아요? 그리고 그 이면에 있었던 사회적 원인이라든가 환경이 가지고 있는 폭력이라든가 그런 것들은 회피해버리는 겁니다. 일종의 굉장히, 가해자 중심주의의 사회가 돼버렸어요, 지금.

과거 서양의 중세에서는 사회 권위에 따르지 않거나 자신의 특성을 강하게 주장하는 사람이 '마녀 사냥'의 대상이 되었다. 내가 상담과 심리치료를 할 때 마음의 MRI처럼 사용하는 심리검사인 WPI 프로파일 유형으로 보면 '아이디얼리스트'나 '로맨티시스트' 성향이 강한 사람들일 가능성이 높다. 21세기 대한민국에서도 조현병 환

◇ 마녀로 판명된 여인을 화형시키는 장면

자를 약물중독자로 만드는 또 다른 '마녀사냥'이 벌어지고 있다. 빌 게이츠나 스티브 잡스, 혹은 손정의 같은 창의적인 기업가들도 한국 사회에 있었다면 어떤 상황에 놓이느냐에 따라 조현병이나 조울증 환자로 취급되었을 확률이 크다. 특이하거나 일반인과 다른 어색한 행동이 다른 사람들에게 불쾌감을 유발한다면 일단 그들을 잠재적 범죄자로 간주하여 폐쇄병동에 격리시키거나 약물중독자로 만들었을지 모른다. 치료라는 이름으로 말이다.

많은 경우 우리는 아래와 같이 하소연 같지 않은 하소연도 쉽게 들을 수 있다.

우리나라 상황이란 게 잘 아시다시피 조현병에 대한 인식이 아주 안 좋아요. 걸핏하면 신문에 조현병 환자가 사람을 어떻게 했느니 그런 소리가 실리고, 심지어 어떤 병원의 의사가 환자한테 칼로 찔려서 돌아가시는 사건이 벌어지고 나니 다들 '안타깝지만 정신병 환자니까' '미친놈이니까 미친 짓을 했지' 하는 의견이 대세더군요.

사실 어떤 정신병 환자도 무조건 아무나 공격하지 않는다. 심지어 PC방에서 사람을 죽였다는 그 정신병 환자도 본인이 무시당했다고 생각하고 본인이 요청한 일에 관심을 기울여주지 않아서 발작적으로 공격적인 행동을 보인 것이다. 이런 현상은 조울증 환자한테 빈번하게 발생하는 전형적인 현상이다. 물론, 다양한 정신병으로 진단받는 환자들, 특히 조현병으로 진단받은 환자한테도 일어난다.

그렇다면, 이런 병을 앓고 있는 사람이 칼을 들이대면서 위협하면, 우리는 어떻게 반응해야 할까? 이럴 때엔 "왜 칼을 가지고 그러세요? 칼 말고 그냥 저한테 이야기하거나 말로 설명해주시면 제가 잘 들을게요"라고 이야기해보자. 대개 칼을 내려놓을 것이다. 이런 반응을 보이는 것이 조현병 환자이고 또 우울증 환자들이다. 그런데 우리는 대개 이런 위협적인 행동에 놀라서 도망간다. 예를 들어보자. 늑대가 덤벼드니까 무서워서 도망가는데 멧돼지를 만났다고 치자. 그럼 어떡해야 할까? 우리는 산에서 멧돼지를 만나면 "눈을 똑바로 쳐다보고 절대로 무서워하거나 피하려고 하면 안 된다"고 가르친다. 그렇게 하면 멧돼지가 피한다고 대처법을 알려주는 것이다. 정말 이상한 것은 야생동물을 대하는 법은 이렇게 친절하게 알려주면서 사람을 대할 때 어떻게 해야 하는지에 대해서는 아무도 말하지 않는다는 점이다.

혹자는 이런 말을 할 때 "그거는 멧돼지의 습성을 잘 알고 사람의 습성을 몰라서 하는 소리다"라거나 "지가 칼 맞아 안 죽었으니까 저런 소리 하지"라는 반응을 보인다. 물론 같은 상황이 되면 분명 무섭고 힘들 것이다. 많은 상담자들 역시 그런 행동을 보이는 분들을 자주 접한다. 개중에는 거의 발작적으로 행동하는 사람도 있다. 이럴 때 상담자가 할 일은 단순하다. 그냥 기다리는 것이다. 기다리면서 "얼마나 힘들면 그러겠어요? 이런 행동을 하셨을 때 가족이나 주위 사람들이 어떻게 반응했었는지 아시지요?" 하고 물으면 된다. 그러면 상황이 정리된 다음에 "네, 잘 압니다"라고 대답할 것이다. 어떤 환자는 더 나아가 자기가 얼마나 억울하게 폐쇄병동에 입원하게 되었는지 털어놓기도 한다.

국가의 인식과 대책

국민건강보험 의료공단의 자료에 따르면 조현병으로 진료를 받은 환자가 2012년 10만980명에서 2017년 10만7662명으로 증가했다. 하지만 의료전문가에 따르면 '조현병은 지리, 문화적 차이와 관계없이 전 세계적으로 인구의 1퍼센트 정도로 일정하게 나타난다. 최근 5년간 환자가 증가한 것도 의료기관에서 이 병으로 진단받고 치료받는 환자가 늘어난 것이다'라고 했다.[23] 이 말을 잘 분석해 보자. 전문가의 말처럼 조현병이 '인구의 1퍼센트 정도로 일정하게' 나타난다면 우리나라는 매년 약 50만 명이 조현병으로 진단받아야 한다는 뜻이다. 또한 우리 사회에서는 충격적인 사건사고들로 인해 조현병의 존재감이 부풀려졌다. 과장된 오해도 불러온다. 특히 언론을 통해 보도되는 조현병은 '조현병 환자=잠재적 범죄자'라는 인식

---

23 국민건강보험 일산병원 정신건강의학과 이정석 교수.

을 강화한다. 중세의 '마녀사냥'이 20세기 현대 사회에서 '정신병 환자' 또는 병이라는 이름으로 아주 자연스럽게, 빈번하게, 그리고 개인적으로 일어난 형국이다. 그것도 한 개인에 대한 가족, 사회, 국가의 '보호'와 '관리'의 필요성을 역설하면서 말이다. 정작 그 개인은 원하지 않는데도 잠재적 위협 또는 범죄의 가능성을 언급하면서 보호해주겠다는 논리를 적용하는 것이다.

21세기 현재라고 해서 크게 달라진 것은 없다. 의사를 비롯한 의료진 및 정신의학 전문가들은 여전히 다양한 형태로 나타나는 마음의 병을 그저 막연한 증상으로 구분할 뿐이다. 공황장애 같은 신경증적 장애, 조현병 같은 정신병적 장애, 조증 및 우울증 같은 정동장애 등으로 말이다. 환자들의 서로 다른 배경과 원인, 성격 등을 무시한 채 환자 자신이나 그들의 보호자가 보고하는 증상에 따라 뭉뚱그려 '☆☆병'으로 진단한다. 그 뿐인가? 미디어까지 한몫 거들면서 마음의 병을 앓는 이들을 바라보는 우리의 시선은 점점 더 싸늘해지고 있다. 또 다른 폭력이 시작된 것이다.

2019년 7월 30일 날짜로 나온 중증정신질환 대책의 법개정에 대한 언론 기사는 다음 표와 같다. 발표된 내용을 보면 환자를 빨리 물색해서 처리하거나 약물 치료를 하는 시설을 확충하고, 정신병 환자에게 약물 치료를 시행하는 법개정을 더 강화시키자는 게 전부이다. 정신병으로 진단받는 사람들을 마치 폐기물 처리하듯이 치워버

중증정신질환자 관리 대책 발표

기초 정신건강복지센터 인력 확충
24시간 응급개입팀 확대
보호관찰 종료 질환자 사례 관리
정신병원 퇴원환자 관리팀 신설
저소득층 응급입원·행정입원 치료비 지원
정신 재활 시설 확충

보건복지부

◇ 보건복지부에서 발표한 중증정신질환 대책

리는 꼴이다. 하루라도 빨리 인간쓰레기 하치장에 치워버리고자 하는 그런 제스처인데, 과연 이런 방법이 최선일까?

조현병에 걸린 '듯한' 마음을 가지고 살아가는 사람들은 점점 늘어난다. 그만큼 현대 사회가 각박하고 다층적이며 각기 다른 사람들이 각자 자신의 특성이나 삶에 대한 분명한 이해를 하지 못한 채로 자기 삶의 주인으로 살아가기 힘들기 때문이다. 부모와의 관계에서 독립하여 살지 못하거나 스스로 심리적 독립을 쟁취하지 못한 젊은이들, 여러 이유로 자신의 삶을 찾지 못한 이들, 날이 갈수록 심해지는 경쟁 때문에 스트레스에 시달리는 사람들, 나이 들수록 삶이 풍요로워지기는커녕 점점 더 팍팍해진다고 느끼는 사람들, 원인을 특정하기 어려운 우울감에 시달리는 많은 사람들이 잠재적으로 정신병, 특히 조현병으로 쉽게 진단받을 가능성이 높다.

각 사람들이 당면한 '문제 많은' 사회에서 살아가는 것이 힘들다고 느낄 때, 대학에 들어가거나 또는 졸업하더라도 자신이 무엇을 어떻게 해야 할지 모를 때, 심지어 자신에게 합당한 직업이나 어떤 활동이 주어지지 않아 억울하다고 느끼는 경우가 많아질수록 사람들의 마음은 무기력감과 좌절감, 그리고 우울감에 젖을 수밖에 없다. 그들을 둘러싼 주변 상황은 그렇게 조금씩 야금야금 나빠지는 것이다.

문제 상황을 받아들이는 방식은 각 개인마다 다르다. 어떤 사람은 '그냥 살기 힘들다'면서 자포자기한 마음으로 자살을 선택한다. 또 다른 이는 자신을 포기하려다가 점점 알 수 없는 분노와 좌절감 혹은 공격성에 휘말리면서 이런 극단적인 마음들을 극단적으로 발현한다. 극적인 방식으로 자신이 느끼는 삶의 혼란, 마음의 고통을 표현하는 것이다. 만약 이들이 병원을 찾는다면 어떻게 될까? 가기 전보다 좋아질까? 안타까운 일이지만 그러지 못할 확률이 높다. 병원에서는 그 사람이 지닌 혹은 참담하게 겪고 있는 마음의 문제가 무엇인지 제대로 이해하고 그 원인을 알아내기 전에 우리가 앞에서 만난 K씨처럼 더욱더 완벽한 조현병 환자로 만들기 때문이다. 슬픈 일이지만 현실이다.

더 이상 이들이 가진 문제를 개인의 책임으로, 개인의 잘못으로, 그리고 정신병 약을 먹으면서 각자의 문제를 '알아서 해결하라'

고 하지 말자. 그것은 무지한 대중을 일부 전문가들이 병이라는 이름으로 마녀사냥을 하는 그런 상황과 똑같다. 마음의 병, 마음의 고통은 화학적으로 만든 '약'이 아닌 '마음'의 공유와 소통, 그리고 마음의 치유를 통해 해소되어야 한다. 또한 정부도 평범한 일반 시민의 가족이나 이웃을 조현병 환자로 만들어버릴 수도 있다는 자각 아래 실제 필요한 기관과 전문가들이 누구인지 어떤 활동을 하는 사람들인지를 먼저 알아야 할 것이다. 지금처럼 사람들을 계속 약물중독 환자로 만드는 정신보건 방역 활동이나 정신보건 건강 챙기기 활동은 정말 이런 젊은이들의 마음을 무시하고 몸에만 초점을 두는 일이 될 것이다.

: 광기의 역사

폐쇄 정신 병동의 시초

인간이 중세를 지나, 근대와 현대라는 시대를 거치면서 가장 뚜렷하게 알게 된 것이 있다. 바로 자기 자신의 존재에 대한 인식이다. 각 개인은 신으로부터 독립한 존재로서 자신의 마음을 찾을 수 있게 되었다. 절대자 하느님 또는 신과 같은 존재와 분리된 '개인, 스스로에 대한 인식'이 분명해진 것이다. 이것을 심리학에서는 '자아 (self)'라고 지칭한다. 우리가 영어를 배울 때, 가장 먼저 접하는 단어이다. 그 뜻을 더 분명히 하기 위해 'self'라는 단어는 'I, myself'라는 1인칭으로 부르기도 한다. 개인이란 바로 이러한 '나 자신'을 뜻하는 말이다. 지금도 여전히 상징적으로 인간이 흙으로 만들어진 형상에 하느님이 당신의 숨을 불어넣어 만들어졌다는 것을 믿는 사람들이 있다. 그래서 생물적으로 자신이 남·여의 결합에 의해 만들어졌다는 사실을 인정하면서 자신의 마음은 하느님(또는 절대자 신)이 인간에게 준 영혼이라는 것도 동시에 믿으려 한다. 꼭 기독교라는 종교가 아니더라도, 절대자 신을 믿는 종교적인 믿음을 가진 사람이라면 당연히 그렇게 생각해야 한다고 믿는다.

　근대 이후 신과 분리된 존재로 자신을 인식할 수 있게 된 개인이 영적으로 또는 마음의 위기를 겪는 것처럼 보이는 상태가 바로 이 병으로 진단받는 상황인데, 앞서 어머니와 함께 상담실을 찾아온 젊은이가 대표적이다. 하지만 오래 전, 인간이 신의 권능이 미치는 영역에 속해 있을 때, 사람들은 이런 증상을 악의 소행이라 여겼다. 악(악마)의 힘이 인간을 지배하려고 하니 그 반대편에 선 전지전능한 신의 권위를 빌어 악을 처단해야 한다고 믿었다. 퇴마사에 의해 질병을 가진 자를 치료하는 퇴마의식이 등장한 배경이다. 퇴마의식은 그러나 18세기 이후 점점 사라지면서 질병, 특히 눈에 보이지 않는 마음의 아픔을 가진 사람들을 '정신병자', 즉 자신의 마음을 잃은 사람으로 취급하게 되었다. 이런 현상을 프랑스의 철학자 미셸 푸코(Michel Foucault, 1926~1984)는 17세기 이후 '이성'이라는 개념이 자리를 잡았기 때문이라 분석했다. 르네상스 시대에는 단순히 바보로 취급되고 사회에서 배제되는 정도로 관리되던 정신질환자들이 반이성적 존재, 위험한 존재로 간주되기 시작했다는 것이다. 인권 의식이 증대하기 시작했다는 근대 사회는 이들을 치안을 위협하는 사람들로 취급하여 격리·감금하기 시작했다. 17세기 유럽을 구시대에서 벗어난 새로운 혁명의 시대라고들 말하지만, 다른 이들과 달리 '이성'에서 벗어났다고 여겨진 사람들에게는 이 시기가 '대감금(great confinement)의 시대'로 정의되기도 한다.

　18세기 이후 지금까지 수없이 많은 사람들이 절대 권력자에 의해 정신질환자로 규정되어 수용소로 끌려가 감금되었다. 이와 더불어, 이들을 담당했던 정신의학자들은 권력의 하수인으로 치안 확보의 기능을 담당했다. 당시에는 정신병원을 '어사일럼(asylum)'이라 했지만, 21세기 대한민국 사회에서는 이들을 사회로부터 '격리' '수용'하여 치료한다는 이유로 '정신병원' 또는 '요양원'이라 한다. 정신질환자 보호시설이나 정신과 의사들의 숫자를 더 늘리겠다는 21세기 대한민국 정부의 정책 근거가 '이성의 시대'라는 18세기 유럽에서 '사회치안 확보'라는 이유로 정신병동이 폭발적으로 확대된 이유와 같다는 사실이 참 흥미롭다.

이렇게 된 까닭은?

　과학의 이름으로 인간의 몸을 탐색하고 연구하는 의학이 정작 마음에 문제가 생긴 사람들을 물건처럼 취급하기 시작한 상황을 우리는 조현병의 발견과 치료 과정에서 잘 확인할 수 있다. 이런 일이 발생한 이유는 대체 무엇일까? 과학의 문제일까, 아니면 우리 몸의 문제나 신체의 질병을 다루는 사람들이 정작 마음의 문제나 마음의 병 또는 마음의 아픔을 무시한 채 '오직 몸'만 다루기 때문일까? 과학의 정점에 있다는 자부심으로 가득 찬 현대 의학자들은 정작 마음의 문제에 대해서는 매우 무지하다. 아니, 거의 용감하기까지 하다. 그 모습이 정신병을 치료하거나 마음의 문제를 해결하는 데서 아주 잘 드러난다. 그들이 어떻게 몸의 질병을 다루듯 마음의 문제를 치료하는지 알고 이해하게 되면, 마음이 아픈 사람이 정체를 알 수 없는 약물에 점차 중독되면서 '불분명한 환자'에서 '분명한 환자'로 고착되는 과정을 분명하게 확인할 수 있다. 즉 마음이 아픈 환자에서 몸까지 아픈 환자로 변모하는 그 모습을 말이다. 마음의 아픔을 겪는 사람을 정신병 환자로 만들고, 다시 이 병을 치료한다고 환자를 약물중독의 상황에 처하게 하는 일이 현대 의학은 물론 정신의학에서 자연스럽게 일어나고 있다.

먼저 조현병으로 진단받았던 K씨의 경우를 복기해보자. 그가 받았던 조기 치료는 병원에서 약을 처방받아 복용하는 것이었다. 물론 K씨의 발작적인 행동이나 공격적인 성향을 막기 위한 하나의 방법이었고 사실 투약은 그중 가장 편리한 방법이긴 했지만 정작 K씨가 경험한 것은 '예후가 좋아지는' 것이 아니었다. 그는 도리어 가족으로부터 사회로부터 격리되어 병원에 입원하게 되었다. 그러고는 매일 치료라는 이름으로 자신을 멍하게, 완전히 '넉 다운' 상태로 만드는 약을 주기적으로 먹어야 했다. 그는 결국 유수의 대학병원이 운영하는 폐쇄병동에 입원했는데 그 입원 기간은 물론 퇴원하여 외래진료를 받는 동안에도 병을 치료한다는 명목 아래 전문가로부터

'약'을 처방받았다. 그렇다면 의료 전문가라는 사람들은 조현병을 언제부터 '약물'로 치료할 수 있는 병이라 생각하고 치료하기 시작했을까?

정신병을 약물로 치료하기 시작한 역사는 1950년대로 거슬러 올라간다. 2차 세계대전 동안 급속하게 발전한 화학과 의학 산업의 발달과 더불어 의사들은 과감하게도 인간의 마음 역시 신체의 병처럼 취급할 수 있다고 생각하게 되었다. 마음의 병에 몸의 병을 다스리는 방법을 적용하기 시작했다. 대상만 다를 뿐 같은 방법을 사용했다는 의미다. 하지만 무엇보다 중요한 점은 정신과에서 사용하는 약물이 등장하게 된 과정에도, 마음의 아픔을 호소하는 환자들을 위한 약의 발명 과정에도 '아픈 마음'의 정체를 정확하게 인지했다는 연구 기록이나 증거가 없다는 사실이다. 이 약들은 다만 우연히, 그리고 철저하게 환자의 증상만 없애는 데 초점을 두고 만들어졌을 뿐이다.

할로우의 원숭이 실험

마음의 정체가 무엇인지, 과학자들은 마음의 아픔을 어떻게 파악하려고 했는지 알아보자. 우선 1950년대 미국에서 일어난 심리학 연구를 통해 살펴보겠다.

우리가 흔히 '사랑'이라고 부르는 인간들 사이의 친밀한 경험 혹은 인간관계의 문제를 처음 과학적으로 탐구한 사람은 심리학자 할로우(Harry F. Harlow, 1905~1981)이다. 스탠퍼드 대학에서 심리학 박사과정을 마친 그는 원숭이를 이용한 많은 실험을 하였는데 주로 사랑과 애착, 모성애에 관한 심리를 연구한 것으로 유명하다. 논란이 될 만한 악랄한 실험을 수행해서 비판도 많이 받았는데 가장 널리 알려진 것이 바로 '원숭이 애착실험'이다. 이 실험은 잘 알려진 대로 갓 태어난 붉은 털 원숭이를 어미로부터 격리한 뒤 두 가지 다른 케이지로 옮겨 키우는 것으로 시작된다. 해리 할로우 박사는 이 실험을 통해 사랑이 배고픔과 같은 욕구를 충족하는 데서 생기는 게 아니라 따뜻하고 부드러운 스킨십으로부터 시작된다는 것을 발견했다.

다음 사진을 보라. 이 원숭이는 태어나자마자 부모와 헤어진 고아다. 세상에 정을 붙일 만한 대상이라고는 오직 하나, 태어나면서부터 가지고 있었던 부드러운 천 조각뿐이다. 할로우는 인간의 '관계'를 연구하기 위해 원숭이를 대상으로 실험했다. 이 원숭이는 지금 사랑에 목말라 있다. 사랑마저도 과학적 탐구의 대상이 될 수 있다고 믿은 할로우는 선구적인 몇 가지 실험을 통해 어느 과학자도 미처 생각하지 못했던 부분으로 연구범위를 넓혔다. '마음의 과학'이라는 BBC 다큐멘터리에서는 할로우의 연구에 대해 다음과 같이 설명한다.

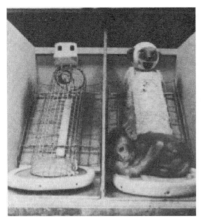

◇ 할로우의 원숭이 실험

할로우는 소위 '사랑학'이라는 것이 가능하다고 봤죠. 사람과 사람의 관계. 예를 들어 엄마와 아기의 관계까지도 과학의 연구대상이 될 수 있다고 생각했습니다. 물론 실제 실험은 원숭이로 했지만 사람을 연구실로 데려가 현미경으로 볼 수 있다고 믿었던 것이죠.

할로우가 사랑을 연구 대상으로 삼은 것은 사랑이 모든 인생의 시작에 지대한 영향을 미친다고 보았기 때문이다. 할로우는 특히 부모와 아기의 관계가 '최초의 사회적 환경'이며 인생의 중요한 열쇠라고 믿었다. 이에 따라 그는 몇 가지 독창적인 실험을 했다. 아기 원숭이에게 자기의 양부모를 스스로 택하게 한 것이다. 하나는 먹이를 주는 철사로 된 원숭이 어미였고, 다른 하나는 먹이를 주지 않는 헝겊으로 된 원숭이 어미였다. 헝겊으로 된 어미는 먹이를 주지는 않았지만 포근함과 편안함, 그리고 사랑을 주었다.

이 녀석은 철사원숭이에게서 젖을 먹고 자란 106번 원숭이입니다. 이 녀석은 젖만 먹고 나면 재빨리 헝겊 원숭이에게로 옮겨갑니다. 그리고 18시간 동안 계속해서 여기에 붙어 있죠. 부양보다는 보살핌을 선택한 것입니다. 이번에는 아주 무서운 상황을 만들어봅니다. 그러면 새끼는 어디로 갈까요? 무서울 때는 사람이 그러는 것처럼 자기를 만져주고 안정시켜줄 엄마를 찾아갑니다.

이것으로 할로우 박사는 이 원숭이들에게는 위안과 사랑이 먹이보다 더 큰 영향을 끼친다는 것을 증명했다. 그렇다면 철사나 헝겊 조각 없이 완전히 혼자 자란 경우는 어떻게 될까? 혼자 자란 원숭이는 어떤 경우에도 혼자 있었다. 근처에 헝겊으로 만든 원숭이가 있었지만 차라리 혼자서 무서움을 달래고 만 것이다. 이에 대해 할로우는 사랑의 결핍이 새끼의 삶을 버려놓았다고 결론 내렸다. 그리고 사람도 예외가 아닐 거라고 믿었다.

어린 시절의 경험이나 환경이 그 아이의 건강한 성장에 아주 중요한 영향을 끼친다는 것이 할로우의 실험에서 분명히 증명되었습니다. 다시 말해서 만약 이 중요한 시기에 제대로 부모의 보살핌을 받지 못한다면 나중에 자라서도 다른 사람들과 건강한 관계를 형성하지 못한다는 뜻입니다.

정신 건강 분야에 적용된 자본주의 마인드

할로우의 연구는 1908년대부터 미국에서 일어나기 시작한 '정신보건(mental hygiene)' 또는 '정신건강(mental health)' 운동의 결론과 같은 메시지를 대중에게 전달했다. 즉 인간관계의 문제, 마음(정신)과 관련된 다양한 고통과 아픔은 바로 '사랑'과 같은 감정의 충족, 그리고 그것을 가능하게 하는 '관계'의 문제를 해결함으로써 치료될 수 있다는 것이다. 그런데 20세기 초 미국에서는 왜 '정신건강 운동'이 벌어진 것일까? 이 운동은 환자가 직접 겪은 당시의 열악한 정신병동 체험과 정신병 환자에 대한 잘못된 인식과 처우, 그리고 치료를 대중에게 호소하는 것으로부터 시작되었다. 심지어 당시에는 정신이상 진단을 받은 이민자 여성을 추방하는 사건도 있었다.

정신위생의 주요 개념은 전형적으로 미국식이다. 만약 어떤 개인이 타인과의 친밀한 관계에서, 특히 아주 가까운 가족과의 관계에서 형성되는 '병적인 관계' 때문에 질병이 생길 수 있다면, 이는 곧 '건강한 관계' 안에서도 정신적인 문제가 나타날 수 있다고 생각할 수 있는 탓이다. 여기서 굳이 '미국식'이라고 표현한 까닭은 '위생'의 개념이 병적인 관계에서든 정상 관계에서든 항상 필요한, 꼭 그렇게 되어야 하는 일종의 생활 관리와 같은 것이기 때문이다. 부차적인 예를 하나 더 들자면 위생은 근대 이후의 가장 현대적인 개념 중 하나인데 이것이 흔히 '미국=깨끗한 집=성공한 중산층'의 이미

232

지와 함께하기 때문이기도 하다.

　정신위생의 개념에는 개인의 심리적인 변화 과정에 일상생활의 위생 및 청결을 추구하는 중산계층의 불안과 두려움이 아주 현실적이고 구체적이며 객관적으로 잘 이해하려는 관점이 포함되어 있다. 무슨 뜻일까? 이 내용을 이해하려면 정신위생이라는 용어에 담긴 두 가지 측면을 알아야 한다. 첫째, 이 용어가 개인의 심리적 변화 과정을 지나치게 구체화하고 사물화했다는 것과 둘째, 정신위생이란 단어에 위생과 청결에 대한 중산계층의 우려가 포함되어 있다는 것이다. 이 두 가지 측면은 정신건강의학과 의사들이 정신치료요법을 어떻게 구상하고 개발했는지, 그리고 이렇게 나온 정신요법이 일반 대중에게 어떻게 비춰졌는지, 나아가 자본주의시장에서 어떻게 융합되었는가 하는 문제에 상당한 영향을 끼쳤다.

　왜냐하면 정신위생의 개념에서는 감정적인 문제들을 신체적 질병(즉, 의학적 치료를 필요로 하는)과 같은 범주에 속하는 것으로 보았고, 결국 이 개념을 통해 감정을 의학적 치료 대상으로 간주하게 되었기 때문이다. 즉 인간의 마음에서 일어나는 모든 감정을 구체적인 물건이나 하나의 대상처럼 취급하는 결과를 초래한 것이다. 정신적인 것들(the mentals)을 사물처럼 받아들이고, 무의식에 대한 접근성을 지나치게 낙관하면서, 이(정신위생) 운동은 감정적 상태를 사물화하는 데 성공했다. 이로써 마음과 관련된 여러 영역에 '교환가치'라는 개념이 자리 잡게 되었다.

일단 정신건강과 정신질환을 사물화, 수량화시킬 수 있게 되면 정신질환을 치료하는 데 드는 시간과 비용을 계산하고 예측할 수 있게 된다. 즉 정신치료요법이 20세기 자본주의 시장 안에서 새로운 역할을 맡아 쉽게 성장할 수 있는 그럴 듯한 필요성(명분)을 허락받은 셈이다. 이로써 정신치료가 자연스럽게 의료업의 한 분야로 자리를 차지하게 된다. 게다가 개인 내의 심리 관계(한 개인의 마음속에 작용하는 다양한 심리적 특성들)라는 개념이 일상적으로 아니, 대중적으로 공유 – 개인주의 탄생과 발전 – 되면서 한 개인이 가진 마음의 영향력 역시 실제로 존재한다는 것이 확인되었다. 동시에 심리학이라는 학문이 과학으로 발전하였다. 따라서 마음의 문제를 해결하는 것 또한 과학적이고 의학적인 행위들을 통해 얼마든지 환자들을 대상으로 실습할 수 있는 영역으로 자리를 잡게 되었다. 심리상담, 심리치료, 그리고 정신치료 분야의 급속한 성장 배경이다. 결국, 개인의 마음에 관한 관리와 마음의 아픔에 대한 치료가 '(몸과 마음을 위한) 의료서비스'의 한 분야가 된 것이다. 하지만 21세기 이후에도 대한민국에서는 여전히 이런 활동이 '약'을 통한 신체의 관리와 통제라는 수준 이상으로 발전하지 못했다. 개인의 마음에 대한 무지, 마음의 아픔에 대한 무시가 초래한 결과들이다.

할로우는 원숭이 실험을 통해 인간관계의 형성, 관계에서의 아픔, 부모의 사랑 등과 같은 것이 어떤 모습으로 나타나는지, 이것을 적절히 경험하지 못하였을 때 어떤 마음의 아픔으로 표현되는지를 잘 보여주었다. 이 사실은 우리도 흔히 경험하는 것들이다. 사회에서 인정받지 못하는 나쁜 상황에 처하거나 왕따를 당하면 우리는 대개 엄청난 마음의 아픔을 겪게 되고 이를 이상한 말이나 행동으로 표현한다. 심한 경우 환각이나 환청을 경험하기도 한다. 사회관계가 위축될 수도 있고 공격적인 행동이 나타날 수도 있다. 우리가 앞의 세션에서 만났던 K씨도 군대에서 제대한 뒤 이렇듯 '사회에서 인정받지 못하는 나쁜 상황'에 처하게 된 것은 아닐까? 자신의 마음 상태가 어떠한지도 모르는 채 불안정한 감정과 공격적인 행동을 보이게 되자 주변 사람들이 그를 나쁜 병에 걸린 것처럼 취급하면서 기어이 입원과 약물중독 상태까지 경험하게 된 것인지도 모른다. 심리 치료의 역사에서 우리는 정말 약물이 아닌 방법으로 K씨와 비슷한 마음의 아픔을 치료한 사례를 찾아볼 수 있을까? 심리 치료가 더 이상 '대화요법'으로 이루어지는 전통을 따르지 않고 약물치료의 방식으로 바뀌게 된 것은 더 효율적이고 더 경제적으로 마음이 아픈 사람들을 '손쉽게 처리할 수 있는 방법을 찾은 결과'라고 할 수 있다. 정신건강 분야에도 자본주의 마인드가 도입된 셈이다.

대화요법으로 조현병에서 벗어난 조앤

할로우는 "나쁜 환경이 사람을 망친다"고 했지만, 또 다른 한편에서는 "좋은 환경에는 치유의 힘이 있다"고 주장하는 이들이 있었다. 바로 정신분석의 이론들을 과감하게 몸과 마음의 병에 적용한 심리학자들이다. 1950년대, 그러니까 프로이트가 죽은 지 10년도 더 흐른 뒤에 그의 후예들은 미국에서 전성기를 맞는다.

1950년대 당시 미국에서는 어떤 문제든지 풀 수 있다는 낙관적인 생각이 지배적이었어요. 정신분석학자들은 아무리 이해하기 어려운 상황이라도 그 속에 의미가 있고 변화될 수 있다는 입장이었으니까 이 생각이 당시의 분위기에서는 쉽게 받아들여졌죠.

원래 프로이트가 정신분석학을 창안할 당시에는 내적인 갈등 때문에 장애가 나타나는 정상적인 사람을 치료하기 위한 것이었지 정말 심각한 정신병에까지 적용될 거라고는 생각하지 않았다. 그런데 미국의 정신분석학자들은 달랐다. 그들의 이야기를 들어보자.

정신분석학의 힘이 얼마나 될까 하는 것이 1950년대 중요한 논쟁의 대상이었습니다. 그냥 걱정이 많고 약간 신경질적인 데가 있고 자주 우울한 사람에게 보조 치료로 사용될 수 있는 건지 아니면 진짜 우리 사회에 만연한 정신적인 공황이나 정신 분열증까지 고칠 수 있는 충분한 치료법이 되는지가 문제였죠.

정신분석학의 가능성을 믿은 학자 중에서 대표적인 사람이 프리다 프롬-라이히만(Frieda Fromm-Reichmann, 1889~1957)이다. 그녀

◇ 독일 출신의 프리다 프롬-라이히만은 신경과
의사로 출발하였으나, 프로이트의 정신분석을
받아들여 심리치료를 직접 정신병원 수용자들
에게 실시했던 대표적인 심리치료 및 상담의
선구자이다. 사회심리학자로 유명한 에리히
프롬의 아내였다.

는 독일에서 신경학을 공부했는데, 아무리 심한 환자라도 그 속에는
건강한 요소가 남아 있으므로 제대로 치료만 하면 그것이 겉으로
드러날 수 있다고 믿었다.

프롬-라이히만은 제1차 세계대전에서 뇌의 일부를 다친 환자들을
치료하면서 이런 생각을 하게 됐어요. 파편에 맞거나 가스를 마셔
서 뇌가 손상된 사람들도 어느 정도까지는 회복이 됐거든요. 그녀
는 손상된 부분보다는 손상되지 않은 부분의 가능성에 중점을 뒀
죠. 정신병 환자를 다룰 때에도 항상 똑같은 방식을 적용해서 환
자에게서 아직까지 온전하게 남아 있는 부분을 찾아내려고 애썼
습니다.

프롬-라이히만은 미국으로 이민을 온 후 '체스트넛 로지'를 터
전으로 삼았다. 이 건물은 원래 19세기 말 워싱턴 DC 근교에 휴양

소로 지어졌다가 나중에는 정신병원으로 바뀌었다. 1950년대 미국 전역에서 정신분석학을 주 치료법으로 사용한 개인 병원은 이곳을 비롯해서 몇 군데 되지 않았다. 아주 부자들이나 이런 곳을 이용할 수 있었고, 그나마 오래 기다려 했기 때문이다.

정신분열증은 환각, 환청, 편집증 등의 증세를 보이고 현실 감각을 잃는 병인데 1950년대 당시만 해도 여기에 대해서 알려진 것이 거의 없었다. 이때 브룩클린 출신의 한 소녀가 이곳을 찾아온다. 조앤 그린버그(Joanne Greenberg)다. 3년이나 기다리다가 16번째 생일이 이틀 지난 뒤에 이곳 '체스트넛 로지'로 들어온 것이다. 그녀는 여기서 받은 치료와 그녀의 질병을 기록으로 남겼는데, 후에 그것이 『난 너에게 장미정원을 약속하지 않았어*I Never Promised You a Rose Garden*』(1964)라는 제목의 자서전적인 소설책으로 출간되어 베스트셀러가 되었다.

저는 세상이 어떻게 돌아가는지를 전혀 몰랐는데 제겐 그게 익숙했죠. 여섯 살 때부터 그런 증상이 생겼는데 저는 이것을 바로 고쳐 보려고 무던히 노력했어요. 제일 무서운 것은 나는 절대로 정상이 될 수 없다는 생각이었죠. 나중에는 그래 나는 절대로 남들과 똑같은 사람이 될 수는 없어 하고 받아들이게 되더군요. 그래 좋다. 그렇다면 어디 들어보자지. 수도꼭지에서 피가 쏟아지는 거며, 커다란 구더기 같은 사람들이 걸어 다니는 것, 그런 걸 사람들한테 다 얘기해버리자 싶었죠. 그래서 이야기를 했어요.

프롬-라이히만은 조앤을 매일 만났다. 그 당시 프롬-라이히만은 소위 '대화치유'라고 하는 방법을 여러 가지로 변형시켜 사용하던 중이었다. 환자가 환각을 보이거나 증세가 심할 때도 그녀는 환자와 얘기를 나누었다.

기본 원리는 아주 간단했죠. 환자에게 말을 걸고 환자들의 얘기를 받아들이고 진지하게 대해주고 인간으로 존중해주고요. 환자들은 정신병과 싸울 때도 있지만 그 사람들 마음속에는 정신병과 관계없는 부분이 틀림없이 아직 남아 있으며 우리가 그 부분에 집중하면 변화가 생길 수 있다는 겁니다.[24]

한 주에 네 번씩 치료를 받았는데 그때는 그게 모든 일과였어요. 다른 걸 신경 쓸 틈도 없었죠. 어~ 너무 너무 어려웠어요. 그분은 아주 철저해서 다른 것으로 신경을 돌리지 못하게 했거든요. 그분은 제가 현실이라고 생각했던 것들이 현실이 아니라는 걸 가르쳐주려고 했죠. 그게 말처럼 쉽지가 않았어요. 그냥 제가 얘기를 하면 의사가 얘기를 들어주는 거지만, 그러는 사이에 뇌의 작용이 바뀌었어요. 현실감이 재정립되는 거죠. 다시 세뇌된다고 할까

---

24   토마스 맥글래선, 심리학자, 예일대학.

요? 하하하. 그런데, 어쨌든 그게 성공만 하면 대단한 변화가 일어나죠.[25]

조앤 그린버그는 이곳에서 3년 동안이나 있다가 바깥세상으로 돌아갔다. 그 이후로 두 번 잠깐씩 돌아오긴 했지만 결국 그녀는 대학에도 진학했고 결혼을 하고 자녀를 기르면서 글도 썼다. 조앤 그린버그한테는 프롬-라이히만의 치료로 충분했다. 그런데 모두에게 다 대화요법이 통한 것은 아니었다. 대화요법으로 치료를 받은 환자들 중 대다수가 재발의 고통에 시달렸다. 제일 좋은 환경에서 환경결정론에 대해 투철한 신념을 가진 뛰어난 의사들이 치료를 담당했지만 여전히 극소수만 성공했다. 대화요법으로 마음치료를 했던 시설인 '체스트넛 로지'에서조차도 모든 환자가 완치되어 나간 것은 아니다. 하지만 이곳은 정신약물이 널리 사용되기 전에 환자의 마음을 치료하는 데 초점을 두었던 대표적인 병원시설로 길이 기억될 것이다.

마음의 문제를 마음으로 치료하는 것은 분명히 약물 치료보다 번거롭고 어려운 일이다. 하지만 과거 미국의 '체스트넛 로지(Chestnut Lodge)' 같은 고급 인력이 필요한 대화요법 치료시설은 반드시 필요하다. 반드시 정부의 지원을 통해 만들어져야 한다. 현재처럼 더 많은 약물 중독자를 양산하게 될 뿐인 정부 대책은 분명히

---

25   조앤 그린버그의 증언.

◇ 체스트넛 로지. 전통적인 심리분석과 대화요법으로 혁신적인 치료 작업을 수행했던 곳이다.

잘못되었다. 이런 성급한 대책이 '효과적으로' 시행되면 될수록 환자들의 몸과 마음은 천천히, 장기간에 걸쳐 파괴될 것이다. 그러다가 마침내 무시무시한 결과로 끝맺을 것이다.

환자의 마음에 초점을 둔 대화요법의 효과는 놀라운 사례도 남겼지만 많은 사람들이 그런 호사를 누릴 수 있었던 것은 아니다. 뛰어난 심리 치료 전문가의 도움이 절대적으로 필요한 일이었기 때문이다. 조금만 생각해봐도 알 수 있다. 일일이 이야기를 들어주고 환자를 대우해주려면 시간이 많이 걸린다. 번거로운 일이기도 하고, 상대적으로 비용도 많이 발생한다. 소수의 부자들만 이용 가능한 고

급시설이었기 때문이다. 어찌 보면 의료계에서는 이런 고급시설을 이용하는 게 어렵기 때문에 약물치료라는 길을 택했는지도 모른다. 약물은 가격이 싸고 대량생산이 가능하니까! '쉽고 간편하다'는 경제적인 이유가 환자 개개인의 삶을 약물 중독자로 만든 것이 아닐까?

사실 환자나 가족의 입장에서도 증상을 빠르게 안 보이게 해주며 값이 착한 약물 치료는 매혹적일 수밖에 없다. 이것은 마치 입에 붙는 인스턴트식품으로 우리의 허기진 뱃속을 채우는 것과 같다. 그러나 인스턴트식품이 어떠한 것인가? 쉽게 배를 채워주는 대신 천천히 우리의 건강을 갉아먹는다. 눈치채기 어려울 뿐이다. 어쩌면 '쉽고 빠른' 약물 치료란 환자가 아닌 가족이나 의료진의 편의를 위한 것일지도 모른다. 번거롭고 귀찮은 사람을 쓰레기처럼 폐기처분하는 그런 기술인지도 모른다.

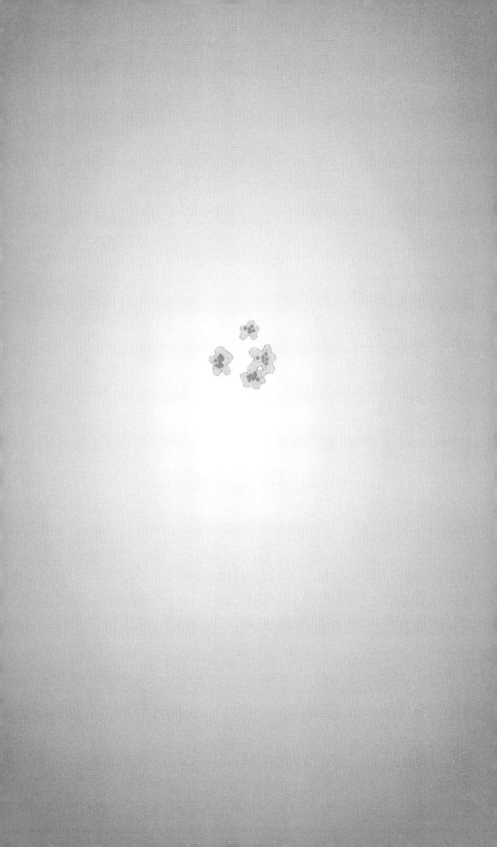

마음 탐구와 심리 치료의 역사

: 마음아, 네 주인은 누구니?

마음이란 무엇인가

'마음의 병'을 이야기할 때 우리는 일차적으로 '정신병'이란 단어를 떠올린다. '마음'이 병들었다는 건 '정신'에 뭔가 이상이 생겼음을 의미한다고 생각하는 탓이다. 하지만 여기서 가장 먼저 정리하고 넘어가야 할 것은 따로 있다. 바로 마음은 무엇이며, 어떤 상태를 병이라 하는가에 대한 의문과 답을 찾는 것이다. 표준국어대사전이 설명하는 '마음'의 정의는 다음과 같다.

* 사람이 본래부터 지닌 성격이나 품성
* 사람이 다른 사람이나 사물에 대하여 감정이나 의지, 생각 따위를 느끼거나 일으키는 작용이나 태도
* 사람의 생각, 감정, 기억 따위가 생기거나 자리 잡는 공간이나 위치
* 사람이 어떤 일에 대하여 가지는 관심

* 사람이 사물의 옳고 그름이나 좋고 나쁨을 판단하는 심리나 심성의 바탕
* 이성이나 타인에 대한 사랑이나 호의(好意)의 감정
* 사람이 어떤 일을 생각하는 힘

하지만, 이렇게 사전에서 정의하는 마음은 어떤 누구의 마음도 제대로 나타내지 못한다. 특히, 어떤 사람이 '저 마음이 아파요'라고 표현할 때, 이런 사전적 정의는 아무런 의미가 없다. 그렇다면 마음에 병이 생겼다는 것은 사전에서 정의하는 마음의 기능이나 활동이 제대로 일어나지 않는다는 의미 이상이라는 뜻이다. 무엇보다, 누군가의 '마음'은 보편적이고 일반적인 어떤 정신 과정이나 작용이 아니다. '한 개인의 마음' '어떤 사람의 마음'으로 보아야 알 수 있는 마음은 바로 그 사람이 어떤 상황에서 어떤 이유로 아픈지를 파악해야 하는 문제이기 때문이다.

그렇다. 심리학의 연구, 마음의 아픔에 대한 연구가 과학의 시대인 19~20세기를 거치면서도 그렇게 발전하기 힘들었던 가장 큰 이유가 바로 여기에 있다. 마음은 일반적이고 보편적인 어떤 것으로 규정하고 탐구하기보다 '한 개인' '바로 나 자신'의 아픔이나 문제로 탐구되어야 하는 어떤 것이기 때문이다. 이것은 절대자 신에 대한 인간의 생각이 어떻게 달라졌는가, 아니 문화에 따라 어떻게 다른가를 생각해보면 쉽게 이해할 수 있다. 우리가 잘 아는 '그리스-로마

신화'에는 다양한 신들이 등장한다. 이들 신들의 존재는 절대적인 힘을 원하는 인간의 기대 또는 마음의 표현이다. 이와 달리, 다양한 신이 아닌 유일한 신을 믿고 그 신에 의지하여 살아야 한다고 믿는 마음을 가진 문화권의 사람들도 있다. '히브리즘' 또는 기독교 문화이다. 이런 믿음의 세계를 받아들인 경우, 개인의 마음은 절대자 신의 숨에 의해 만들어진 영혼이다. 한 개인의 마음을 각자 자신의 실체로 생각하기보다 자신의 마음은 신의 대리인 또는 복제품으로 생각하는 것이 더 옳다고 믿는다.

사실, 정신병이라 할 수 있는 인간의 행동이나 모습은 오랜 인류 역사와 삶 속에서 매우 다양한 모습으로 나타났다. 인간은 매우 오랫동안 이것을 병이라 하기보다 때로 우리의 몸과 마음을 주관하는 신의 계시로 보아왔다. 하지만 인간 스스로 신의 존재가 자신들의 삶과 마음을 더 이상 지배하지 않는다고 생각하게 되면서 이런 믿음에 극적인 변화가 일어났다. 삶의 '아픔'이나 '고통'이 더 이상 신의 뜻 또는 신의 존재를 증명하는 단서가 아니라고 자각하게 되었다. 몸의 병과 달리 마음의 병은 마음에 대한 과학적 탐색을 필요로 했다. 뿐만 아니라 마음이 더 이상 신이 인간에게 준 선물이 아니라는 '독립된 마음'에 대한 자각을 할 수 있어야 했다.

아픈 마음은 질병일까?

과거의 인간은 몸의 고통을 겪게 될 때 이를 '신의 저주'라고 여겼다. 그렇기에 신에게 '알아서 고쳐주세요, 알아서 해결해주세요'라고 빌 수 있었다. 하지만, 신과 인간의 분리를 경험하면서 인간은 더 이상 이런 고통을 신에게 미루지 않고 온전히 자신의 몫으로 떠안게 된다. 마음과 몸(신체)의 관계에 대한 의료역사적인 탐구를 수행한 앤 해링턴(Anne Harrington, 1960~) 하버드 대학 교수는 그 생각을 이렇게 표현했다.

> 대부분의 '의사'들은 '마음의 병', 또는 '마음의 아픔'을 생각할 때, 무엇보다 먼저 '병'이라는 것에 초점을 둔다. 마치 몸의 병과 마찬가지로 마음의 병도 신체의 어느 부위에서 문제가 발생했을 것이라 생각하는 것이다. 여기에는 '물리주의(physicalism)'라는 의학적 개념이 포함되어 있다. 일반적으로 모든 현상에는 그 현상을 일으키는 실체가 존재한다고 상정하며, 신체에 나타나는 질병의 증상에는 반드시 그에 상응하는 신체상의 원인이 있다는 생각이다. '마음의 병'도 마찬가지다.

19세기 이후 의사가 '병'을 치료하는 역할을 하는 전문가로 자리를 잡으면서, 몸을 치료하는 사람은 마음도 동일하게 치료하게 될 것으로 기대하게 되었다. 자연스럽게 그들은 '마음의 병'이라는 정신병도 신체의 일부인 뇌와 신경조직과 같은 장기가 제대로 기능하지 못해 발생하는 질병이라 믿었다. 일반적으로 정신병이라 생각하는 '마음의 아픔', 마음의 병에 대한 다양한 전문가들의 접근, 그리고 '심리 치료'라는 몸의 병과 다른 치료법이 생겨나기 시작한 것은 이처럼 마음의 주인이 바뀌게 되는 역사와 맥을 같이한다.

정신병과 심리 치료의 역사

병, 경련이 알려주는 '사로잡힘'의 정체

인류 역사에서 '마음의 병'을 마음에 초점을 맞추게 된 것은 언제부터일까? 신체의 병은 보통 눈에 보이는 증상으로 확인할 수 있다. 신체 장기의 손상에 의한 병, 오염된 환경 속에서 세균이나 바이러스에 의한 질병, 또는 신체 기능의 약화에 따른 아픔 등이다. 하지만, 마음의 아픔은 눈으로 분명히 확인할 수 있는 증상보다 환자가 보이는 행동이나 환자의 이야기로 확인하는 경우가 더 많다. 또한 마음의 병이라 할 수 있는 이상한 행동을 환자가 보인다 하더라도, 그가 사는 사회와 시대 배경에 따라 주위의 사람들이 그것을 참고 견디거나 수용하는 방식도 달라진다. 병으로 취급될 수도 있고 아닐 수도 있다. 즉 정신병이나 마음의 아픔 문제는 단순히 환자가 보이는 증상의 문제가 아니라 시대에 따라 사회문화적으로 한 개인이 어떤 사람으로 취급되느냐에 따라 달라질 수밖에 없다.

고대 그리스의 정신건강의학과 관련된 문헌들에는 현대의 조현병과 유사한 증상을 보이는 사람들의 행동이 언급되어 있다. 가장 흔한 예가 환각 증상을 일으키는 약물에 노출된 경우였고, 그다음이 신과 관련된 여러 증상이었다. 신의 계시를 받았거나 천벌을 받은 것처럼 보이는 증상들 말이다.

역사를 돌아보면, 사람들은 대개 조현병과 유사한 증상을 보이는 이들에게 '경험에 의존한 치료'를 시행했음을 알 수 있다. 대표적인 예가 종교인들의 치료 개입이다. 사탄 퇴치 즉 퇴마 의식이 바로 조현병과 유사한 병을 앓았던 사람들에게 가장 직접적으로 이루어졌던 행위들이었다. 16세기 이후 로마 교황은 교회에서 이런 역할을 전담하는 '퇴마사' 신부를 직접 임명할 수 있도록 조처했는데, 당시의 사회는 종교의 전통이 지배하는 곳이었고 따라서 마음의 아픔을 겪는 사람들에 대한 대표적인 치료를 '퇴마' 의식으로 받아들였다. 중세까지만 해도 인간의 마음이란 신이 '후~' 하고 불어넣은 영혼처럼 신에 의해 관리되는 어떤 것이라고 믿었으므로 퇴마 의식은 곧 신이 허락하지 않은 악령을 쫓아내고 것이라고 믿었다(마음도 아플 수 있다는 것을 인식하고 또 이를 치료해야 한다고 생각한 것은 대략 18세기 이후부터다).

18세기 중반까지만 해도 마음의 병을 앓는 것처럼 보이는 사람들을 '악마에게 영혼을 빼앗겼다'거나 '사탄에게 사로잡힌' 것으로 간주했다. 성경에 종종 등장하는 '악령이 든 사람' '마귀에 들린 이' 역시 현대인의 입장에서 볼 때는 마음의 병을 앓는 사람들인데 당시에는 사탄이나 악마가 하느님의 종인 인간의 영혼(spirit)을 대체해서 그런 일이 발생한다고 믿었다. 따라서 퇴마 의식에서 가장 뚜렷하게 나타나는 환자의 모습은 바로 악령의 퇴치가 이루어지는 순간에 보이는 '경련(seizure)' 또는 요즘의 용어로 이야기하면 '뇌전증(epilepsy)'이라고 하는 발작적 행위들이다. 환자의 영혼을 '사로잡은' 악령이 몸에서 떠나는 경련의 출현은 퇴마 의식이 보여주는 뚜렷한 회복 증거였다. 동서양을 막론하고 특별한 역할 없이 '신들린' 사람은 악마에게 사로잡힌 영혼으로 취급되었다. 물론 21세기 현재에도 주위에 '신들린' 사람들의 이야기는 계속된다. 대개 젊은 여성이나 과부, 혹은 어린 소년이 접신(接神)이라는 경험을 하는 경우다. 요즘은 이것이 마치 새로운 운명이나 직업 활동의 일환처럼 간주되기도 하는데, 흔히 '무당' 또는 '점쟁이'라 불리는 이들이다. 주로 타인의 아픈 마음이나 꼬인 운명을 위로하는 서비스의 주체로 활동하는데, 서양에 심리 치료사로 활동하는 사람들이 생겨난 경우와 그리 다르지 않다.

'마음의 아픔'을 치료하는 사람들, 즉 심리 치료사가 등장한 것은 몸의 치료 역사와 그리 다르지 않다. 한때 성직자의 '치료(유)하는 손과 말'에 복종하던 환자들은 자신의 아픔을 덜어줄 도움을 찾던 끝에 날이 갈수록 의사의 치료하는 손과 말에 복종하게 되었다.

인간의 아픔을 신의 뜻이나 악령의 힘이 아닌 병의 존재로 볼 수 있게 되면서 일어난 일이다. 이와 동시에, 마음의 고통에서 벗어나 편안한 상태로 바뀌게 되는 '치유'에 대한 로망 때문에 마음이 아픈 사람들에게 일종의 치료나 서비스를 제공하는 직업도 생겨났다. 몸과 관련된 이상 증상이나 행동이 신학에서 과학의 영역으로 전환되는 시기에 일어난 일이다. '원시 심리치료'라고 할 수 있는 '최면술'과 같은 활동이다.

'원시' 심리 치료의 등장

'심리 치료'란 마음과 몸에 대한 '마음의 영향에 대한 믿음'을 의미하는 다양한 '심리적 수단(psychological means)'을 활용하여, 정서 또는 신체적 병(ills)을 처치(치료)하는 것을 의미한다. '마음의 병'을 몸의 일부인 '뇌'와 '신경계'에 의해 일어나는 '병', 즉 '정신병'이라 규정하고 치료하려고 한 의학계와 달리 '심리 치료'는 마음의 아픔을 병이라기보다는 자신의 마음을 잃은 사람이 겪는 아픈 상태, 그리고 자신의 마음을 확인하고 찾아 더 건강하게 살려는 기대와 희망의 표현이었다.

역사적으로 마음의 아픔에 대한 어떤 구체적인 치료 행위를 시도한 대표적인 사람으로 우리는 18세기 중엽 오스트리아 빈의 의사였던 프란츠 안톤 메스머(Frnaz Anton Mesmer, 1734~1815)를 기억할 필요가 있다. 당시 촉망받는 의사였던 그는 의학에 뉴턴의 중력 이론을 연결시켜, 인간의 몸 안에 눈에 보이지 않는 액체가 있으며, 이는 밀물과 썰물처럼 지구 중력에 반응한다고 믿었다. '동물성 자기장' 이론이다. 메스머는 자신의 이런 동물성 자기장을 통해 자신이 타인에게 영향을 미칠 수 있다고 주장하면서, 환자의 몸을 광물 자석으로 훑는 실험을 했다. 환자들은 어떤 에너지가 자신의 온몸을 관통하여 움직이는 느낌을 강하게 받았다고 보고했다. 이들은 다양한 종류의 불수의성(不隨意性) 움직임을 보였으며, 여기에는 극심한 경련도 포함되었다. 경련이 일어났다 멈추는 과정에서 환자들은 자신의 기분이나 신체적 상태가 훨씬 나아지거나 심지어 완전히 치료된 듯한 느낌마저 받았다고 했다.

메스머는 얼마 지나지 않아 광물 자석 없이도 그저 자신의 손으로 환자의 몸을 만지는 것처럼 움직이는 것만으로도 비슷한 결과를 얻을 수 있었다. 이런 효과를 그는 '동물성 자기(磁氣)'라고 명명했다. 환자의 약해진 동물성 자기를 자신이 다시 소통시키거나 견고하게 만들어 치료 효과를 낸다는 주장이었다. 오늘날 동양의 한의학에서 '약해진 기'를 보완하여 '기의 순환이나 소통이 원활해지면 건강을 회복할 수 있다'는 생각과 그리 다르지 않은 주장이다. 결과적으로 18세기 중반 이후 당시 유럽의 오스트리아 비엔나에서 유행했던 메스머의 동물성 자기 이론은 과거 '신 내림'과 같은 과정을 통

◇ 프란츠 안톤 메스머. 독일의 의학자. 동물 자기
설(磁氣說)을 주장하여 일종의 암시 요법을 창
시하였다.

한 악령의 접수, 또는 퇴마사에 의한 악령의 퇴치와 같은 종교적 질
병 치료 방식이 마치 '과학'이라는 새로운 신을 모시면서 마음의 병
을 치료하는 새로운 방식으로 받아들여지게 되었다. 즉, "당신이 아
픈 것은 악령이 아니라 자력(동물성 자기) 때문이다"라고 하면서 통
증이나 경련에 대한 설명을 신학에서 과학으로 옮긴 것이다. 메스머
역시 치료 과정에서 다양한 상징물들을 이용했다. 가톨릭교회의 권
위를 대표하는 기존의 상징물인 성경, 성수, 십자가 대신 여러 종류
의 물리적 소품을 이용했는데, 그중 대표적인 것이 자석, 에테르(공
기 속의 눈에 보이지 않은 물질의 흐름) 이론과 같은 18세기 자연철학
의 권위였다.

메스머 치료의 정체는 1784년 봄, 루이 16세가 왕실 조사 위원
회 두 곳, 즉 왕실 의학학회와 왕실 과학학회가 이 치료의 효과를 과
학적으로 조사하는 것으로 끝이 났다. 의학적인 측면, 즉 '치료 과

정'이나 '효과' 등을 조사한 왕실 의학학회의 보고서는 바로 기억에서 사라졌다. 하지만 왕실 과학학회의 보고서는 매우 큰 영향력을 끼쳤다. 왜냐하면 메스머 치료에서 일어난 경련의 발생이나 환자 치료의 효과가 동물성 자기 액체와 아무런 관련이 없다는 내용이었기 때문이다. 막연히 믿었던 물리적인 '자성'이라는 것은 확인할 수 없었고, 치료 효과는 당시 사람들이 과학적이거나 객관적이라고 결코 생각할 수 없었던 '상상'이라는 심리적 현상만으로 경련이 일어났음이 드러났다. '상상'이라는 마음의 작용만으로도 경련과 같은 신체적 반응이 일어날 수 있고, 심지어 질병의 증상이 완화될 수 있다는 사실을 확인한 최초의 과학적 보고서였다.

18세기 사람들은 '상상'과 같은 마음의 작용은 돈키호테의 그것처럼 비이성적이며 통제할 수 없는 정신의 기능이자 이성의 적이라 여겼다. 메스머 조사 위원들은 '상상은 그 변덕스러움으로 인해 진실을 알려줄 수 없을 뿐 아니라, 명확한 사고를 해치는 위험 요소'라고 일갈했다. 그렇지만 '상상'이라는 정신의 기능에 의해 '몸의 아픔이나 고통'을 완화할 수 있는 '심리 치료'를 생각할 수 있는 상황은 전혀 아니었다. 이런 분위기에서 '상상을 병의 치료에 활용한다'는 것은 그야말로 '상상조차 할 수 없는 일'이었다.

상상과 암시의 힘: 경련과 발작 그리고 최면의 효과

메스머의 활동은 분명 상류 귀족 여성들이 자신의 마음을 위로하고 또 자극하는 일종의 힐링 활동이었다. 하지만 과학의 이름으로 수용될 수 없었다. 메스머는 결국 파리에서 추방되었지만 이후 죽을 때까지 자신을 신봉하는 이들의 도움을 받아 아주 부유하게 살았다. 이후 메스머의 추종자들은 도시에서 도시로 여행하며 대중을 상대로 훈련받은 상대와 함께 최면 시범을 보이곤 했다. 일종의 서커스단처럼 '순회공연 최면술사'로 활동한 것이다.

순회공연 최면술사가 당시의 대중들에게 미친 영향은 단순히 '속임수'나 '자기기만'의 재현이 아니었다. 최면술사는 대상자를 통해 당시의 사회문화적 환경에서 개인이 어떻게 자신의 병이나 아픔, 또는 자신을 인식할 수 있는지를 보여주었다. 메스머 최면에서 뚜렷하게 나타나는 경련이나 발작과 같은 반응을 통해 개인은 알지 못했던 자신의 아픔을 표현할 수 있었다. 격렬하게 일어나는 경련은 개인이 자신을 인식할 수 있는 새로운 방식이었다. 당시까지만 해도 '개인'에 대한 '자기 인식'은 일상적이지 않을 뿐 아니라 거의 금기시되었던 사회였기에 이런 일들이 벌어질 수 있었다. 여기에는 상상만으로 경련과 고통이 사라질 수 있다는 암시의 힘이 작용했다. 최면술의 대상이 된 사람들은 하지만 자신의 상황이나 존재를 다른 시각에서 볼 수도 있었다. 무엇보다 '메스머의 치료를 받은 환자들이 지녔던 고통이 실제로는 '자기기만'의 결과물이었다는 사실이다. 각자 자신이 처한 상황에서 나름의 문제나 아픔을 회피하거나 부정하기 위해 자신의 몸의 고통을 호소하는 그런 상황이었다. 그런데 환자의 대부분인 젊은 여성들이 치료사와 친밀한 관계를 형성하는 것이 당시 사람들에게 새로운 의구심을 불러일으키기도 했다. 심지어, 최면술이야말로 대중의 풍습과 도덕에 악영향을 끼치는 위험한 것이라 생각했다. 어쩌면, 몸의 아픔은 인정될 수 있지만, 마음의 아픔 또는 이 아픔을 치유한다는 것은 여전히 쉽게 용납하기 어려운 생각이었다.

하지만, 당시 대중들에게 최면은 새로운 열정의 표현 방식이었다. 이처럼 대중이 최면을 통해 자신들의 마음을 표현하고, 이것이 몸의 병이나 감정의 고양 등으로 나타나는 것은 시대적 정서의 반영이기도 했다. 당시 유럽 상류 사회는 국가적 압력(stress), 사회적 불안이나 전쟁과 같은 이변(convulsion)을 두려워하는 높은 수준의 긴장감(strain)을 다양한 방식으로 해소하려는 욕망이 있었다. 그런 인식의 변화 과정에서 최면의 특성을 바꾸면서 몸과 마음의 관계에 대한 새로운 가능성을 찾은 사람이 바로 마르퀴스 드 퓌세귀르(Marquis de Puységur, 1751~1825) 후작이었다. 퓌세귀르는 1780년대 메스머의 모임에 참석하여 최면의 치료 효과에 깊은 감명을 받았다. 하지만 최면 상대가 보이는 격한 경련 장면에 실망했다. 그럼에도 얼마 후 그는 빅토 라시(Victor Race)라는 소작농의 호흡곤란을 도

◇ 마르퀴스 드 퓌세귀르. 메스머의 제자 중
한 사람으로 메스머리즘 치료를 할 때 환자
가 자기 수면이라는 최면 상태에 빠진다는
걸 발견했다.

와주기 위해 최면을 시도했다. 자신의 자기성으로 이 병을 치료해줄
수 있을 것으로 기대했다. 퓌세귀르는 메스머로부터 배운 지시를 잘
받아들여 라시가 묶인 나무에 자기장 에너지를 투사했다. 자석으로
라시의 머리 위를 쓰다듬으면서 자기장이 나오는 주문을 읊조린 것
이다. 그러자 라시는 가수면(trance) 상태에 빠졌다.

퓌세귀르는 가사 상태에서 어떤 일이 벌어질지 궁금했으므로
라시에게 "묶은 것을 풀라"고 지시했다. 라시는 여전히 눈을 감은
채로 그의 지시를 따랐다. 가사 상태에 있었지만 마치 퓌세귀르의
마음을 읽어내기라도 한 듯 지시를 잘 따랐다. 그 뿐 아니라 주인이
어떤 질문을 마음속으로 했을 때에도 마치 실제로 들은 것처럼 대
답했다. 퓌세귀르가 마음속으로 한 질문들에 라시가 가사 상태에서
대답한 것이다. 나중에 라시가 다시 가사 상태에서 깨어났을 때, 그
는 주인의 질문에 대해 전혀 기억하지 못했다. 이것은 마치 텔레파

시(telepathy)의 존재를 알려주는 것처럼 보일 수도 있다. 하지만 퓌세귀르가 파악할 수 있었던 것은 이런 시도를 통해 인위적인 몽유병과 유사한 최면 상태를 유도해내는 기법이었다. 그는 이런 가사 상태를 유도하기 위해 자신의 최면 치료에 참여한 피실험자들에게 다음과 같은 주문을 읽어주기도 했다.

> 제 안에 어떤 힘이 존재함을 믿습니다.
> 이러한 믿음에서 그 힘을 쓸 의지가 생깁니다.
> 최면력의 모든 가르침은 두 단어에 있습니다: 믿고, 원하세요.
> "저에게 다른 이의 생기를 일깨울 힘이 있다고 믿고, 그 힘을 사용하고 싶습니다."
> 이것이 제게 있는 과학과 수단의 전부예요.
> 여러분, 믿고, 원하세요. 그러면 저처럼 행하게 됩니다.
>
> – 퓌세귀르 후작

퓌세귀르 후작은 메스머가 주장했던 에테르적인 속성의 준물리적인 자기장을 덜 강조하고, 오늘날 심리적이라 할 수 있는 '대상/환자'와 치료사와 사이의 어떤 정신적인 것에 더 초점을 두었다. 그가 환자들에게 읽어주었던 주문은 바로 마음의 힘에 의해 몸이 어떻게 영향을 받는지 잘 알려준다. 그 마음의 힘이란 바로 '믿음'과 '욕망'이다. 그는 "동물성 자기는 한 사람의 신체가 다른 사람의 신체에 작용하는 것이 아니라 한 사람의 생각의 움직임이 타인의 신체 활력에 영향을 미치는 방식으로 일어난다"(1807)고 설명하면서 메스머와 다른 인간의 마음에 대한 인식을 분명히 표현했다. 퓌세귀르는 이런 최면의 상태를 '자기성 몽유병(magnetic somnambulism)'이라 명명했다. 이 현상에서 그는 '의식적 마음'의 일부를 의식하지 못한다는 사실, 그리고 이것이 행동에 영향을 미칠 수 있는 놀라운 잠재력까지 갖고 있음을 발견하였다. 심지어 자신은 물론 다른 사람들의 병을 진단하고 그 질병이 어떤 경위를 통해 발생할지 예측하는 일도 다반사로 일어났다. 그는 이러한 능력들이 최면사와 환자 사이에 발생한 '친밀한 신뢰감(intimate rapport)'에서 생겨났다고 믿었다. 그리고 이런 결과가 생겨나는 것이 바로 '마음과 마음이 융합되고 한 사람의 의지에 다른 한 사람의 의지가 복종하게 되는 현상'이라 설명했다. 현대의 심리상담이나 심리치료에서 가장 강조하는 '라포의 형성'이라는 개념이 탄생하는 순간이다.

심리 치료 효과의 의학적 발견

우리는 프로이트 박사가 처음으로 심리 치료를 시행한 사람이라고 알고 있다. 그가 '마음'도 몸과 마찬가지로 '병'에 걸릴 수 있으며, 이것을 '정신분석'이라는 방법으로 치료할 수 있다는 것을 인류에게 알려준 것은 사실이다. 하지만 프로이트 박사가 처음으로 '심리 치료'를 한 것은 결코 아니다. 왜냐하면 18세기 이후 유럽에는 육

체의 질병을 마음을 통해 치료할 수 있다는 것, 또 마음이 마치 몸과 마찬가지로 병에 걸릴 수 있으며 그것을 나름대로 치료할 수 있다는 것을 알려준 '대중 최면술사'들이 있었기 때문이다.

프랑스 혁명 직전, 최면은 격렬한 집단 경련의 경험에서 조용히 일대일로 권위자에게 복종하는 특징을 지닌 몽유병적 경험으로 변모했다. 그리고 그 덕에 퓌세귀르는 혁명의 와중에서 살아남을 수 있었고, 혁명이 일어나기 전에 아주 성공적인 자기장 치료사(magnetist)로 활동할 수 있었다. 그리고 1785년 자신의 동물 자기장(animal magnetism) 이론을 교육할 수 있는 학원을 차렸다. 퓌세귀르의 동물 자기장 수련 기관은 1789년 프랑스 혁명이 일어날 때까지 아주 번성하였다. 하지만 혁명 시기에 그 기관은 문을 닫게 되었고, 그 자신도 2년 동안 투옥되었다.

나폴레옹의 등장 이후, 메스머의 경련 반응을 유도하는 최면 유도 방법은 점점 사라지고, 새로운 세대의 수련자들은 퓌세귀르의 가수면 유도 방식의 최면술을 더 많이 수용하기 시작했다. 이런 발전을 이루었음에도 퓌세귀르는 자신을 내세우기보다 충실한 메스머의 후예를 자처하였다. 정신분석과 심리 치료 분야의 뛰어난 역사학자로 인정받는 헨리 엘렌버거(Henri Ellenberger, 1905~1993)는 퓌세귀르야말로 심리과학의 역사에서 기억해야 할 가장 큰 기여자 중의 한 사람이라고 언급했다.

퓌세귀르는 최면에 대한 연구를 계속하여 '최면적 암시(hypnotic suggestion)'라는 것을 발견했다. 가사 상태의 대상에게 "나중에 깨어나면 '말'이라는 단어를 들을 때 당신의 무릎을 만지세요"라고 지시한다면, 이것이 나중에 깨어난 상태에서 일어나는 그 사람의 행동에 영향을 줄 것이라는 생각이다. 대상들은 보통 가사 상태에서 자신이 들은 이야기에 대해 거의 기억을 하지 못했다. 심지어 최면이나 몽유 상태에서는 바늘로 찌르거나 해도 아무런 고통을 느끼지 못할 것이라는 말을 듣고 나서 실제로 최면이 걸리면 아무것도 느끼지 못했다. 대상자들은 '자기성(磁氣性) 몽유병' 상태에 빠지면, 자기 속마음을 매우 솔직하게 말했고 신체 작용을 잘 통제했다. 그리고 최면사의 지시를 조금도 주저하지 않고 따랐다. 심지어 대상자는 평상시 각성 상태일 때보다 몽유 상태일 때 지적 수준이 높아졌다. 과학적으로 설명할 수 없지만, 그 사람의 지식과 능력이 최대치로 발휘되는 일이 생겨나기도 했다.

과학을 내세우는 의료계가 최면의 구체적인 방법과 효과에 다시 관심을 기울이게 된 것도 19세기 중엽 이후이다. 이것이 단순히 '권위자에 대한 복종' 이상의 효과가 있다고 인정하면서 메스머의 유사 물리주의적 이론에서 좀 더 심리 역동적인 속성으로 바꾼 선구자적인 생각을 한 사람이 스코틀랜드의 의사였던 제임스 브레드(James Braid, 1795~1860)였다. 그는 몽유 상태를 일으키는 새로운 심리학적 과정을 자기장이 아닌 최면(hypnotism)이라 하면서 이것이

◇ 제임스 브레드(James Braid, 1795~1860)　　◇ 장 마르탱 샤르코(Jean-Martin Charcot, 1825~1893)

'마음과 마음이 융합되는 과정', 즉 동물성 자기가 아닌 '정신과 눈을 고정시킴'으로써 생기는 것이라 추론했다. 대상자가 지정된 물체를 응시하는 동시에 한 가지 생각에 계속 집중함으로써 최면이 일어난다는 것이다.

　브레드에 의해 '최면'이 동물성 자기와 구분된 이후 수십 년 동안 의학 연구가들은 실제로 최면을 새로운 시각으로 보려 했다. 당시 최면에 대해 새로운 관심과 인식을 불러일으킨 사람이 바로 장 마르탱 샤르코(Jean-Martin Charcot, 1825~1893)이다. 그는 1882년 프랑스 과학협회 회원들을 상대로 한 강의에서 '최면이 신경계를 인위적으로 수정하는 행위'라고 주장했다.

히스테리와 뇌, 그리고 신경계에 대한 암시

19세기 후반에 이르자 당시 유럽의 의사들을 괴롭혔던 가장 큰 병의 하나인 '히스테리(hysteria)' 환자를 치료하는 과정에서 이상 행동의 원인이 신체 부위인 뇌에 있는 게 아니라 '마음'에 있을지 모른다는 생각이 의료계에 등장한다.

19세기 중반 이후 유럽 전역의 의사들은 오랫동안 지금은 정신병이라 부를 수 있는 히스테리라는 질병을 제대로 치료할 수 없어 좌절한 상태였다. 당시 프랑스 파리에서 일했던 샤르코는 10년간 다양한 뇌 질환을 연구한 끝에 자신이 엄청난 결과를 얻었다고 생각했다. 그리고 1870년 마침내 히스테리를 뇌에 의한 질병으로 인정하고 이것을 치료하기 위한 구체적인 행동에 나설 때가 되었다고 결심했다. 무엇보다 그는 최면이 히스테리를 유발하는 신경계를 인위적으로 수정하는 행위라 믿었고, 히스테리로 고통받는 환자들이 더 쉽게 최면에 걸린다고 생각했다. 샤르코는 최면을 치료법이라기보다 히스테리 환자의 특성들을 잘 드러내는 의학적인 의미로서 중요하다고 보았다. 히스테리 환자들은 최면을 통해 자신들이 겪는 경련, 마비, 터널시(시야 협착의 일종), 색맹, 부분 마취, 끊임없는 기침, 안면 경련, 목이 졸리는 듯한 느낌 등의 특징적인 증상을 더 잘 보이기도 했다.

샤르코는 최면을 히스테리 상태에서 만들어내면서 이 최면을

◇ 살페트리에르 병원에서 히스테리 환자에게 최면 요법을 시연 중인 샤르코(브루이에 피에르 앙드레 그림)

정식 생리학 법칙을 따르는 병리학으로 전환하였다. 대상자가 의지를 잃고 근육이 뻣뻣하게 굳으면 '강직증'이라 했다. 무기력한 무의식 상태를 보이면서 근육의 반응성이 높아지는 것은 '기면' 상태이다. 최면성 혼수상태에 빠지면서 최면사의 명령에 의해서만 보고 말하고 움직이며 명령에 아무런 저항도 보이지 않는 상태가 되면 그것은 '몽유병'의 단계로 전환된 것이다. 샤르코는 이러한 각각의 단계에서 나타나는 증상과 연관된 해부학적 증거를 연결시켜 나름대로 해석하였다. 하지만 히스테리의 의학적 의미를 밝혔을 뿐 뇌 해부 실험 결과를 통해 구체적인 뇌신경 단서들을 찾아내지는 못했다. 소위 '성흔'이라고 하는 히스테리의 영구적인 증상이라 주장할 수 있는 신경의 흔적을 확인할 수 있었을 따름이다.

◇ 샤르코가 은판 사진기법으로 환자의 상태를 촬영한 것이다.

샤르코는 최면에 걸린 히스테리 환자를 직접 보여주는 방식을 통해 자신의 히스테리와 최면, 그리고 뇌신경 가설을 증명하려 했다. 이런 샤르코의 환자 시연은 정신병을 인간 사이에 일어나는 드라마가 아니라 병리학적 조건을 갖춘 상태에서 히스테리 환자를 생리학의 법칙을 보여줄 수 있는 시범도구로 활용한 것이다. 이 과정에서 그가 사용한 과학적 도구는 '사진기'였다. 조직학에서 현미경이 그러하듯, 의사들은 히스테리 연구에 사진기가 반드시 필요하다고 여겼다. 샤르코는 사진기를 통해 히스테리가 때와 장소는 물론인종에도 구애받지 않는 보편적인 병이라는 자신의 주장을 입증하는 데 필요한 증거를 얻을 수 있었다. 그에게 사진기와 최면은 모두히스테리와 관련된 과학적 조사 목적의 도구였다. 연구가들은 샤르코의 이 같은 최면 시연법과 사진술을 이용하는 방법으로 히스테리 환자의 신경계를 조정하면서 나중의 연구를 위한 자료를 손에 넣을 수 있다고 믿었다. 그리고 샤르코도 이렇게 함으로써 당시의 과학계와 대중들에게 최면과 히스테리의 연관성을 보여줄 수 있었다. 무엇보다, 대중들에게 오로지 의사만이 최면을 통해 히스테리 환자들을 치료할 수 있다고 알려주고 싶었기 때문이다.

히스테리의 정체

1880년대 중반, 샤르코의 경쟁자이자 당시 대학 내과 의사였던 이폴리트 베른하임(Hippolyte Bernheim, 1840~1919)이 최면과 히스테리 환자의 연구 전면에 등장한다. 그는 독자적인 최면 시범을 통해 인간 사이에 일어나는 드라마가 샤르코의 연구 프로그램보다 더 우위에 있을지 모른다는 증거를 제시했다. 1884년 베른하임은 역사학자 앨런 걸트(Alan Gauld, 1932~)에 따르면 '퓌세귀르의 『기억 Memories』 이후 100년 안에 등장한 것 중 가장 위대한 영향을 끼칠 책' 『최면 상태에서의 암시와 깨어 있을 때의 암시 Suggestion in the hypnotic state and in the state of waking』를 펴냈다. 그는 암시를 '제안된 생각이 일으키고 뇌가 받아들이는 영향'이라고 하면서 이를 하나의 아이디어가 수용되는 과정으로 보았다.

베른하임은 인간이 선천적으로 '암시 가능성(suggestibility)'을 지닌다고 생각했다. 그러나 환자가 진정하여 경계를 풀면 암시 감응성이 더 큰 힘을 발휘했다. 환자를 이런 상태로 만들 수 있는 것은 오직 암시뿐이었다. 즉 환자가 경계를 늦추면 암시 감응성이 높아졌다는 것이다. 다시 말해 암시 감응성이 최면을 만들어내는데 이는 인간의 몸이나 눈앞의 어떤 움직이는 물체가 아닌, 대상이 되는 어떤 사람이 가진 정신적인 영향에 의한 것이라는 주장이다. 베른하임은 암시를 이용해서 샤르코가 히스테리와 최면의 객관적 신호라고 규명한 모든 증상과 단계를 재현한 뒤 이를 변화시키고 사라지게 만들 수 있다는 사실을 보여주었다.

베른하임은 한편으로 샤르코가 만들어낸 모든 극적인 신경학적 영향은 실제로 신경계가 어떻게 작동하느냐와 전혀 관계가 없다는 것을 지적했다. 히스테리 환자에게서 나타나는 최면 반응들은 그저 관념 운동과 관념 지각 반응이었으며, 환자들은 의사가 부지불식간에 보내는 암시에 걸린 것뿐이라고 설명했다. 결론적으로 '최면과 히스테리 환자 시연'은 일종의 환영극(幻影劇)이라는 것이다. '환영극', 즉 최면술사와 대상이 되는 히스테리 환자, 그리고 이것을 보는 군중들까지 이 시연에 참여하는 사람들이 서로 상상하고 암시하는 단서들에 대해 믿고 만들어가는 마음이 일으키는 일종의 연극과 같은 행위라는 지적이었다. 이 비평은 샤르코의 프로그램을 초토화시켰다. 왜냐하면 베른하임의 최면술을 속임수라고 깔보던 샤르코와 그의 동료들 역시 환영극 이상을 만들어내지 못했기 때문이다.

◇ 요제프 바빈스키. '바빈스키 징후'로 유명한 신
경학과 교수. 바빈스키 징후란 신경학적 검사
중의 하나로 발가락을 자극했을 때 엄지발가락
의 움직임을 통해 이상여부를 판단하는 것이다.

18세기 후반 메스머가 주장한 동물성 자기장에 대한 막연한 믿
음을 없애기 위해 과학자들은 '상상'이라는 개념을 적극 사용하였
다. 그러나 심리학적 개념인 상상만으로는 의학의 물리주의적 사고
에서 요청하는 객관적 증거의 타당성, 즉 신뢰성을 충분히 제공하기
힘들었다. 이런 상황에서 샤르코는 자신을 변명하기 위해 이렇게 이
야기했다.

내가 정말로 문득 떠오른 생각과 환상으로 질병을 조작할 수 있었
다면 이야말로 놀라운 일이 아니겠는가? 실제로 나는 사진사에
불과하다. 내가 본 것을 기록하는 사진사 말이다.

이미 과학자로서의 그의 평판은 만신창이가 된 후였다. 고지식
한 심리학의 상상 또는 암시만으로는 의학의 물리주의적 사고를 설

득할 수 없었다. 샤르코의 제자였던 요제프 바빈스키(Joseph Babinski, 1857~1932)는 1901년, 히스테리에 대한 논문을 정정하였다. 그는 "히스테리는 뇌 생리학이나 해부학과 아무 상관이 없고 오로지 마음이 만들어내는 도깨비불이며, 암시에 의해 만들어진다. (히스테리와 같은 증상이나 병은) 암시에 의해 제거되는 모든 증상을 일컫는 말이다"라고 다시 규정했다. 메스머의 최면 치료술이 마음의 아픔을 치료하는 효과를 '동물 자기장'에서 조금도 찾을 수 없다고 밝힌 메스머 조사 위원회의 결론과 유사한 내용이다. 1세기 이상 지난 시점에서 바빈스키는 의도와 무관하게 의학계를 대표하여 히스테리에 더 이상 주의를 기울일 필요가 없다고 또 다시 결론지은 셈이다.

뇌, 신경계 탐색과 절제를 통한 정신병 치료의 역사

정신병을 치료해온 인류 역사를 잠시 살펴보면 인간이 마음의 병에 대해 얼마나 무지하고 무딘 칼날을 휘둘렀는지 잘 알게 될 것이다. 과학사의 정점을 찍고 있다는 21세기를 살아가지만 우리는 여전히 '마음의 병'에 대해 잘 모른다는 점, 그 정체를 제대로 파악하기는커녕 19세기 말 처음으로 인류가 히스테리 치료와 최면을 통해 '마음의 병'에 대해 인식했던 그 수준에서 한 발짝도 더 나가지 못했음을 인정하게 될 것이다.

역설적으로 샤르코의 '최면과 히스테리 환자의 시연'을 비판했던 베른하임은 암시가 사람들을 현혹시키는 사이비 생리학만을 만들어낸다고 믿지 않았다. 오히려 그는 샤르코와 그의 제자들을 비난하느라 바쁜 와중에도 암시가 지닌 긍정적인 치료의 힘을 믿었다. 심지어 원래 히스테리에 뿌리를 두지 않은 질병도 암시를 통해 치료할 수 있다는 생각을 기꺼이 강조했다. 하지만 그는 의학계가 나서서 암시를 치료법으로 개발하도록 독려하지 못했다. 심리 치료가 역사적으로 더 빨리 나올 수 있었지만 그렇게 되지 못한 것이다. 여기에는 당시 베른하임이 속한 의학계가 '심리학에 대해 느낀 근본적인 회의론', 즉 '마음에 대한 과학적 탐구란 불가능하다'라는 생각 이상의 어려움이 있었다. 그것은 바로 근대 초기 마음에 대한 직접적인 탐색은 신의 영역이라고 돌려두었던 데카르트의 한계 이상의 정치, 사회적인 불안이었는데, 여기엔 마음의 조작, 최면을 통해 타인이 자신의 마음에 영향을 미치게 될 때 누구나 가질 법한 두려움과 불안이 더 큰 이유로 작용했다.

마음의 병에 대한 인식과 치료 행위의 시작

프로이트 박사가 의사로 활동하기 이전에도 유럽에서는 현재의 정신병이라 할 수 있는 다양한 '마음의 아픔'을 겪는 사람들이 수용소나 병원에서 '히스테리'라는 병명 아래 여러 가지 방식으로 치료받고 있었다. '목욕' '사우나' '마사지' '신체 노동' 심지어 '신체 학대'나 '고문' 등과 같은 거의 모든 방법이 문제가 되는 환자의 증상을 멈추기 위해, 어떤 식으로든 효과가 있을 거라는 이유로 진행되었다. 당시 '히스테리'라는 이름으로 진단되는 병은 의사들에게 아주 이해하기 어렵고 치료하기 까다로운 병이었다. 병의 원인이 막연히 뇌에 의해, 뇌의 신경의 문제라고 생각하는 수준이었을 뿐 정작 이 병의 원인이 무엇인지, 어떻게 그러한 증상이 나타나는지에 대해서는 확실하게 알 수 없었기 때문이다.

인간의 마음도 몸과 마찬가지로 병들 수 있다. 몸의 아픔과 마찬가지로 마음의 병을 인식하고 또 이것을 치료할 수 있다는 생각이 널리 퍼지기 시작한 것은 분명 프로이트 박사의 공이다. 19세기 후반 20세기 초, 이런 '마음의 아픔'이 신체의 질병처럼 병으로 진단될 수 있고, 또 그것을 치료할 수 있다는 생각 자체는 매우 획기적이고 혁명적이었다. 왜냐하면 당시까지만 해도 여전히 사람들은 몸과 마음이 분리되어 있다는 것을 그리 쉽게 이해하지 못했기 때문이다. 특히, 몸과 분리된 '마음'의 존재를 인식하고 그것이 정상의 상태가 아닌 병든 상태로 있을 수 있음을 뚜렷하게 확인하고 이것을 몸의 병을 치료하듯 치료할 수 있다고 생각한 것은 프로이트의 새로운 시도였다.

프로이트 역시 처음에는 히스테리 환자들을 샤르코의 최면과 같은 방법을 통해 치료하려고 했다. 하지만 점차 그 방법의 한계를 더 인식하게 되었다. 최면에 걸리지 않는 사람도 있었을 뿐 아니라, 최면의 효과를 통한 증상의 회복이 기대했던 것보다 유의미하지 않았기 때문이다. 그 후 프로이트는 최면술을 사용하는 데서 벗어나 환자들의 다양한 증상과 치료 과정을 통해 지금은 '정신분석'이라고 알려진 자신만의 치료법을 제시할 수 있게 되었다. 프로이트가 현대 심리학을 대표하는 사람처럼 대중에게 알려진 이유는 바로 각 개인이 자신의 마음을 직접 인식할 수 있도록 해준 새로운 '마음 이해의 도구'를 제시한 덕분이다. 이런 일은 어쩌면 프로이트가 의대에서 신체상의 질병을 치료하는 의사로서 훈련을 받았기에 가능했을지 모른다. 정상적인 마음, 건강한 마음을 연구하는 일반 심리학자로서 연구에 몰두했다면 일반적이고 보편적인 인간 마음의 법칙을 찾으려 했을 것이다. 어쩌면 있지도 않은 절대적 존재, 마치 유일한 신을 찾고 알 수 있으리라는 기대에 사로잡혀 지냈을 수도 있다. 무엇보다 각기 다른 다양한 증상으로 나타나는 각기 다른 사람들의 마음의 아픔에 전혀 관심을 기울일 수 없었을 것이다. 그의 '정신분석 이론'은 이처럼 그의 마음에 대한 이론, 마음의 병에 대한 일종의 '심리 치료법(the method of psychotherapy)'이었다.

현대에 살고 있는 사람들도 여전히 이런 히스테리 증상을 보인다. 특히 섬세하고 예민한 마음을 가진 사람들은 불안한 상태에서 곧잘 '울컥' 하는 것처럼 보인다. 일종의 '욱' 하는 행동이거나 '감정적 폭발'이다. 이 같은 발작적 행동은 평소 자신의 생활을 제대로 관리하지 못하는 '섬세하고 예민한' 성향의 사람들에게 잘 나타난다. 이들이 자기 마음의 본질과 상태를 분명하게 인식하지 못한 채 지속적으로 사회생활이나 인간관계에서 어려움을 느낄 때, 혹은 왕따를 자처하거나 심각한 피해의식을 느낄 때 주로 나타난다.

조현병 치료, 광기의 치료 역사

과학의 시대라고 알려진 19세기 후반이나 20세기 초까지만 해도 일부 의사들은 실험실 쥐에게나 하는 여러 행위(자르고, 지지고, 화공약품을 투약하는 등의 방식)를 조현병과 유사한 증상을 보이는 정신질환자들에게 그들의 동의도 구하지 않고 무차별적으로 자행했다. 심리 치료라는 이름으로 프로이트의 정신분석이 20세기 이후 널리 알려지기 시작했지만, 대다수의 의사들은 이 병을 뇌의 이상에 의한 병이라는 생각에서 조금도 나아가지 않았다.

신의 권위 대신 과학의 권위를 믿기 시작하면서 마음에 대한 우리의 생각은 과학을 신봉하고 과학에 의존하는 의학자, 심리학자의 의견이나 주장에 좌우되기 시작했다. 그 와중에, '마음의 아픔'이나 '마음의 병'은 당연히 병을 치료하는 의사의 영역이라는 믿음이 형성되었다. 20세기 이후 신경과 뇌에 대한 연구가 발전할수록 현대 의료진이 뇌, 신경계와 정신병의 연결에 대해 갖는 믿음은 더욱더 강화되었다. 이런 믿음은 특히 '특정 질병은 가계를 통해 유전된다' 고 보는 유전학적인 생각에 의해 강화되었다. 정신병을 치료하는 의사들은 이 병을 다른 신체 관련 질병과 마찬가지로 약으로 다스리는 방법을 고안해냈다. 그것이 20세기 중반 이후에 만들어진 '정신과 약'이다. 이렇다 보니, 그들은 더욱더 정신병을 앓고 있는 사람들의 마음에 관심을 두지 않게 되었다. 즉, '누가 어떤 마음의 아픔을 앓고 있는지'를 파악하기보다 어떤 '병'을 가지고 있는지 먼저 파악하여 그것과 관련된 약을 처방하는 데 집중했다. 그리고 이것이 현대 의학자들이 믿는 정신병 치료의 방법으로 굳어졌다.

일군의 의사들은 산소와 이산화탄소를 혼합한 기체나 질소를 환자에게 흡입시키는 방법도 시도했다. 정상인의 경우 5퍼센트 정도의 이산화탄소에 노출되면 의식을 잃거나 사망한다. 또 다른 의사들은 테레빈유나 기름에 섞은 유황을 환자에게 주사하고 발열을 유도함으로써 조현병을 치료해보려고 하는 '경험적 치료'도 시행했다. 테레빈유는 주로 페인트나 유화용 물감, 본드를 희석하는 데 쓰이고, 유황은 화약이나 성냥 혹은 농약을 만드는 데 쓰인다. 이런 치료를 받았던 환자들은 대개 극심한 발열로 인해 심한 통증과 경련을 경험하거나 기면(嗜眠) 상태 혹은 의식 저하를 경험했다. 뇌가 손상되거나 사망에 이르기도 했다.[26] 아마도 당시 의사들 역시 이런 결과를 원했던 것은 아닐 터다. 하지만 그들의 행동은 사람을 모르모

트로 대했던 제2차 세계대전 당시의 일본 731부대의 생체 실험과 별로 다르지 않다. 마찬가지로 1940년대 초반 캐나다에서도 조현병과 정동장애(情動障礙)가 의심되는 환자들에게 현재는 고문 기구로 인식되는 전기 경련 요법(electroconvulsive therapy)을 시행한 적이 있다. 심지어 몇 주 내지 몇 개월 이내에 극적인 효과를 보인다고 알려진 방법인 '인슐린 유발 저혈당 혼수요법(insulin- induced hypoglycemic coma)'을 실시하기도 했다.

신경 절제술을 통한 정신병 치료의 역사

뇌, 신경, 그리고 신체의 학대를 통한 정신병 치료의 참혹한 의학의 역사는 20세기 과학이 발달하면서 더욱더 강화되었다. 1935년 포르투갈의 신경과 의사 에가스 모니즈(Egas Moniz, 1874~1955)는 행동이 난폭하고 감정의 변화가 심했던 침팬지의 전두엽 신경을 절제하는 수술 후에 극단적인 행동 통제가 가능해졌다는 예일 대학의 신경학자 존 풀턴(John Fulton, 1899~1960)의 보고서를 읽게 된다. 그 후 모니즈는 이 방법을 정신질환자 즉 '사람'에게 적용하겠다는 생각을 굳힌다.

26   Lehmann HE. *Before they called it psychopharmacology*. Neuropsychopharmacology 1993;8:291-303.
Lehmann HE, Ban TA. *The history of the psychopharmacology of schizophrenia*. Can J Psychiatry 1997;42:152-162.

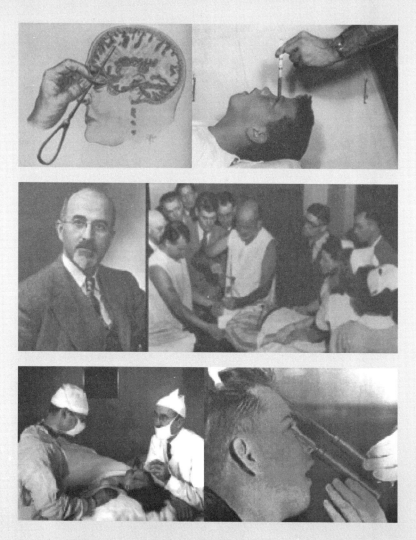

◇ 모니즈와 리마의 류코톰 시술

모니즈와 그의 동료였던 외과의사 페드로 알메이다 리마(Pedro Almeida Lima, 1903~1985)는 1년간 약 20명의 우울증, 정신분열병, 조증, 공황장애로 의심되는 환자를 대상으로 전두엽 절제술을 시술한다. 이 시술을 좀 더 쉽게 시행하기 위해 모니즈와 리마는 아홉 번째 수술 환자부터 자신들이 직접 개발한 류코톰(leucotome)이라는 기구를 이용했다. 류코톰은 길이가 11센티미터이고 직경이 2센티미터인 송곳형 막대기인데 모니즈와 리마는 매 시술 시 이것으로 환자의 눈꺼풀 여섯 군데를 찔러 뇌까지 관통시킨 뒤 전전두엽(prefrontal lobe)에 에탄올을 주사했다. 정신질환과 연관되는 것으로 추정된 뇌 신경 섬유를 파괴한 것이다.

이 수술을 받은 환자들은 이후 심각한 신체 부작용을 호소했다. 그에게 치료받은 첫 번째 환자는 평생 병원 밖으로 나갈 수 없게 되었다. 하지만 의사 모니즈는 "부작용은 일시적인 현상일 뿐이다. 나의 첫 번째 환자는 치료되었다"라고 주장했다. 또한 시술 후 사망 환자가 없다는 점, 환자 중 35퍼센트에 이르는 사람들이 상당한 호전 반응을 보였다는 점을 강조하는 내용의 논문을 학회에 정식으로 보고했다. 결국 환자들의 증언이 아닌 치료자의 판단만 반영된 보고서를 읽고 의사 사회는 이를 획기적인 치료법으로 평가하기에 이른다. 그 결과 모니즈는 1949년 노벨생리의학상을 수상했다.

1936년, 전두엽 절제술은 미국에 도입되어 신경과 의사 프리먼(Walter Freeman, 1895~1972)과 신경외과 의사 와츠(James W. Watts,

1904~1994)에 의해 '프리먼-와츠 전전두엽 절제술(Freeman-Watts prefrontal lobotomy)'로, 그리고 다시 프리먼에 의해 눈꺼풀 바로 아래에서 코 쪽을 향해 정교한 각도로 기구를 삽입하여 전전두엽에서 뇌 안쪽의 시상을 향하는 신경망을 끊는 '경안와뇌엽 절제술(transorbital lobotomy)'로 변모한다. 미국에서 이 시술을 받은 환자들은 1951년까지 1만8천여 명, 이후 누적 인원 총 4만 명에 달한다. 이 시술의 대표적인 희생자로 알려진 사람 중 존 F. 케네디 대통령의 누나 로즈메리 케네디(Rosemary Kennedy)가 있다. 영국에서는 1943~1954년 사이에 약 1만 명의 환자가 같은 시술을 받았고, 이후 누적 1만7천여 명에 이르게 된다. 이 야만적인 시술은 브라질, 쿠바, 이탈리아, 루마니아, 스칸디나비아반도에서도 '최첨단 의료이자 마지막 희망'으로 받아들여졌다.

그러나 결과는 참담했다. 정신병으로 인해 뇌시술을 받은 환자들은 전두엽 기능의 영구적 손상으로 넋이 나간 듯 주변에 무심해졌으며, 언어구사 능력을 상실했다. 감정 표현이 줄었고 자발성과 독립적 판단 능력이 사라졌다. 심한 공격성은 없어졌을지 몰라도 기대했던 만큼의 정신적인 측면에서의 호전 현상은 없었다. 어떤 환자는 오히려 전보다 더 나빠졌다. 전두엽 절제술이 비윤리적이며 뇌에 비가역적 손상을 입힌다는 점을 지적하는 비판의 목소리가 거세지자 의료진은 다른 방법을 찾기 시작했다. 그즈음 우연히 나타난 경험적 치료의 또 다른 방법이 바로 약물 치료다.[27]

극심한 고통과 불안감은 기본이요 자살 충동까지 일으키는 이

방식들은 당시 정신질환자로 진단받은 사람들에 대한 주된 치료 방식으로 간주되었다. 심한 초조감이나 폭력성을 제어하지 못하는 일군의 사람들에게 장소 격리 및 신체 강박과 더불어 파라알데히드(paraldehyde: 최면제·진정제), 바르비투르(barbiturate: 진정제·최면제), 하이오신-아포모르핀(hyoscine-apomorphine: 진통제·수면제) 등을 혼합해서 투여했다. 심지어 조현병 의심 환자들에게 고농도 망간(Mn)을 투여하기도 했다. 망간은 주로 건전지나 표백제, 소독제, 냄새 제거제로 사용하는 은백색의 중금속 원소다.

인류는 이제껏 과학이라는 이름으로, 전문가라는 권위 아래, 아픈 사람을 인격을 가진 사람이라기보다 마치 악령과 같은, 제거해야 마땅한 질병의 증상을 가진 대상으로 보아왔다. 20세기 프로이트의 심리 치료의 등장 이후 마음의 아픔을 치료하는 데 커다란 진전이 있었다고 믿었지만, 정작 대다수의 사람들이 믿었던 것은 마음의 병도 신체의 질병 치료하듯 치료할 수 있다는 일종의 신화였다. 그것도 몸을 치료하듯이 약을 통해 마음을 통제하고 관리할 수 있다는 믿음, 즉 환자를 인위적인 의식불능 즉 혼수상태로 만드는 방식을 택한 것이다. 이것은 하나같이 회복 불가능한 뇌 손상이나 뇌전

27 Luigjes J, de Kwaasteniet BP, de Koning PP, Oudijn MS, van den Munckhof P, Schuurman PR, et al. *Surgery for psychiatric disorders*. World Neurosurg 2013;80:S31. e17-e28.
Robison RA, Taghva A, Liu CY, Apuzzo ML. *Surgery of the mind, mood, and conscious state: an idea in evolution*. World Neurosurg 2013;80:S2-S26

증(간질)을 야기하였다. 상당수 환자에게서는 효과가 나타나지 않았고, 설령 효과를 보였다 해도 치료 이후 70~80퍼센트의 환자가 재입원했다. 사회로 복귀하지도 못했다.

신경절제술을 통한 의료진의 광기의 조절, 통제의 역사에 드러난 사실들은 의료진 또는 정신질환 전문가라는 의사들이 실상 정신질환에 얼마나 무지했는지를 잘 보여준다. 그들은 조현병이 무엇인지, 조현병이 왜 발생하는지 전혀 알지 못했다. 다만 '의사인 내가 보기에 이렇게 하면 치료 효과가 있을 것 같다'라는 섣부른 추정 아래 정확한 근거 하나 없이 잔인하고 야만적인 행위를 무차별적으로 감행한 것이다. 예나 지금이나 환자들에게 '치료의 이름으로 일관성 없이 무작위적으로 시도하는' 행위들은 고문이나 다름없다. 하지만 이런 만행은 현재에도 이어지고 있다. 약물을 사용한다는 점에서 동일하기 때문이다. 게다가 약물은 화형이나 고문에 비해 더 간편하고 쉽게 환자들을 관리하고 조절할 수 있다는 장점이 있다고 사람들은 아무 의심 없이 믿었다.

새로운 패러다임이 필요하다

조현병과 청와대

이 책을 마무리 지을 무렵 무슨 사건이 일어날 때마다 많이 나오는 '조현병' 키워드가 예상 못한 발표문으로, 예상 못한 장소에서 나왔다. 그런데 이번에는 '조현병에 걸린 사람들을 방치할 경우 어떻게 되는가'라는 질문에 해당되는 뉴스는 아니었다. 전혀 예상하지 않았던 곳 청와대에서 '조현병'이라는 이름이 언급되었기 때문이다. 청와대에서 발표한 뉴스 발표문의 타이틀은 '조현병 환자? 볼턴이 그럴 수도'이다. 타이틀만 보면 '볼턴이 조현병에 걸렸나? 그럼 백악관 안보 보좌관 자리에서 쫓겨나는 건가?' 이런 오해를 할 수도 있을 것이다. 사건의 개요는 볼턴이 문재인 대통령을 향해 '조현병 환자 같다'는 망언적 비유를 한 것에 대해서 청와대 고위관계자가 '본인이 그럴 수 있는 것 아니냐'며 직격탄을 날린 것이다 (2020.06.22., 노컷뉴스). 이 뉴스를 접하면서 나는 상담가로서 그리고 대한민국에 만연한 '조현병 포비아'를 연구 중인 심리학자로서 '조현병자'라고 지칭하는 것이 병에 대한 진단이 아닌 그냥 '자기 마음을 잃어버린 채로 살고 있는 사람' 정도의 일상적 용어가 되었다는 것을 확인할 수 있었다. 대다수의 사람들이 자신의 마음을 잃어버린 채로 살고 있는 이 시대에 세계의 리더로 또는 전문가로 활동하는 사람들도 쉽게 이 병명의 대상자가 되어버리는 것 같았다.

그런데 실제로 누군가가 조현병 진단을 받으면 어떤 일이 벌어질까? 여러 정보를 찾던 중 조현병 환자나 조현병을 진단한 의사, 심지어 보호자나 가족들이 너무나 믿고 공유하는 그런 내용을 '나무위키'라는 한국판 위키피디아에서 찾을 수 있었다. 나무위키의 설명은 조현병에 대한 통념적인 내용을 알려줄 뿐 아니라 이 병에 대해 언급하는 전문가들의 마음, 즉 이 병에 대한 그들의 믿음이 어떠한지도 잘 보여주고 있었다. '조현병, 치료 받지 않고 방치할 경우'에 대한 나무위키의 설명을 보자. 나는 아래의 글을 읽으면서 정신과 의사들이 마치 '하느님은 한 분밖에 없으며 나의 구세주입니다'라는 기도문을 외듯 이 내용을 주문처럼 받아들이고 있는 것은 아닌지 의구심이 생겼다.

모든 사람들이 그러하듯 초기에 조현병이 발병했다면 충분히 치료 가능하며 초기를 놓치면 점점 고치기 어려워지고, 초기에 적절한 치료를 받고 병에 대한 자각을 가져 꾸준히 치료를 받으면 당뇨병처럼 충분히 관리가 가능한 질병이다. 한 가지 희망적인 사실은, 이 두 조건만 갖춘다면 '초기에 치료를 받고 꾸준히 관리하면'

정신적 이상에 가까운 조현병은 당뇨병과 같은 만성질환보다 관리하기 훨씬 쉽다는 것이다.

아마 어떤 분들은 '당뇨병보다 관리하기가 쉽다네?' 하고 매우 긍정적으로 생각할 것이다. 그런데 이런 이야기도 뒤따라 나온다.

그러나 정반대로 시기를 놓치거나 증상이 좀 호전되면 복약에 소홀해지므로 약물을 사용하는 기간이 길면 뇌신경 조직의 손상이 커져 신경조직 손상에 따라 사고능력이 저하되어서 병에 대한 자각능력까지 끊어지게 되며 당사자는 극도로 심각한 환각 속에, 치매에 버금가는 인지기능의 실질적 손상까지 입게 된다. 타인에 의해 이상증세가 있다는 것이 확인되면, 미루지 말고 꼭 조현병 담당 의사한테 진료를 받도록 하자.

많은 사람들이 찾아보고 '아하' 하며 고개를 끄덕이는 이 내용은 그러나 안타깝게도 과학적 사실이 아니다. 이것은 마치 '우리 주 하느님을 믿습니다. 당신은 나의 구세주입니다'라고 기도문을 외는 것 같은 마음으로 정신과 의사들이 반복하고 있는 주문일 뿐이다. 과학적 사실이란 '조현병은 보이는 환자의 증상에 따라 의사가 주관적으로 진단하는 병명이다'라는 점이다. 즉 의사를 찾아온 환자가 "환청이 들려요" "환각이 느껴져요"라고 호소하거나, 동행한 보호자들이 "얘가 환청이 있고, 환각이 있고, 이상한 행동을 하고, 발작적인 행동을 해요. 그런 행동이 지속되고 있어요. 지난 2~3개월 동안 계속 그러고요, 밤에는 잠을 못 자요"라고 이야기하면 의사들은 대개 "조현병이겠군요" 하고 진단을 내린다. 흔히 '조현병은 뇌의 손상에 의해 이루어진다'고 말하지만 이것은 과학적으로 증명되고 확인된 사실이 아니다. 단지 의사들은 그저 '조현병은 뇌나 신경회로의 이상에 의해서 일어나는 병'이라고 믿고 싶을 뿐이다. 이렇게 믿고 싶은 그분들이 조현병의 이유로 가장 흔하게 드는 것이 '도파민 가설'이다. 여러 가지 신경전달물질 중 어떤 것이 매우 부족하거나 과다하게 분비되면 조현병이나 기타 다양한 정신병적 증상들이 출현하게 된다고 생각한다. 이분들의 믿음은 종교적 믿음과 유사하다. 단지, 그들은 과학의 신을 모시기에 자신들의 '믿음'을 사실, 아니 진리라고 생각할 뿐이다. 대다수의 종교적 광신도의 마음과 그리 다르지 않다. 이들에게 가설은 가설이 아니라 사실이다. 이런 과학의 신에 대한 미신과 같은 확신들이 정신과 의사로 일하시는 분들의 마음속에 있다는 것이 가장 큰 문제다.

'초기에 조현병이 발생했다면 충분히 치료 가능하다'는 말은 참으로 희망적이다. 하지만 이 표현에는 오류가 있다. '조현병이 발생했다'가 아니라 '조현병의 주요 징후로 간주되는 환청이나 환각, 환시 같은 문제 증상의 사람이 있다면'으로 수정해야 한다. 그래야만 위의 증상들의 이면(裏面)에 어떤 마음의 혼란이 있는지 알 수 있다. 본인도 알지 못하는 마음의 문제가 무엇인지 파악하여 그 사람의 혼란스럽고 아픈 마음을 치유할 수 있는 단초를 찾을 수 있기 때문이다. 물론 이 경우에도 '치료'라는 것이 '약을 지속적으로 복용하는 것'이라고 말한다면 그것은 또 하나의 거짓말이다. 이런 단언은 환자와 그의 가족에게 약의 효과에 대한 과도한 기대를 품게 하여 끝내 약물 의존자 혹은 중독자로 만들어버릴 가능성이 더 크다. 다시 말해 '조현병 치료=지속적인 복약'이라고 단언하는 것은 정말 잘못된 이야기다. 일반적으로 의사들은 조현병 환자의 경우 약을 꾸준히 먹으면 10퍼센트가량 회복된다고 말한다. '10퍼센트 치료'라는 수치에는 사실 아무런 의미가 없다. 왜냐하면 인간의 모든 질병은 자가면역능력 같은 이슈를 꺼내지 않아도 최소한 40~50퍼센트 이상 회복이 가능하기 때문이다. 실제로 조현병에 처방하는 약이 어떤 기준으로 작용하는지 잘 모른 채, 조현병 약이 인간의 사고와 신체활동을 마치 코끼리도 잠들게 만드는 정도의 효과를 발휘한다는 것을 긍정적으로 평가하게 만든다. 그러나 이는 약의 효과를 너무나 확신하여 오랜 복용 끝에 환자가 축 늘어지거나 무기력해지는 것을 '조현병 치료'라고 믿고 싶어 하는 의료진과 대중의 마음이 빚어낸 비극일 따름이다.

'당뇨병처럼 충분히 관리가 가능한 질병'이라고 하는 표현에도 문제가 있다. 조현병을 '치료'하는 게 아니라 약으로 '관리'하면 낫는 '병'이라는 인상을 주는 탓이다. 그렇다면 '관리'라는 것은 무엇일까? 이는 실제로 (현실에서는) 정신적으로 다양한 증상을 보이는 사람을 청도대남병원에 입원시키듯 어떤 요양병원이나 폐쇄평동에 감금해놓고 수년에서 수십 년 동안 약을 먹이는 상태로 방치한다는 것을 뜻한다. 말이 '관리'일 뿐 실은 '문제를 일으키지 않게끔' 감금해놓고 '다루기 쉽게' 약을 주는 것뿐이다. 그런데도 의료진들은 이 병은 약으로 관리해야 한다고 주장한다. 약 이외에 다른 치료법이 없다고, 약으로 증상을 완화시키는 것밖에 길이 없다고 주장한다. 이것은 의료진 스스로 조현병에 대해 '치료 포기'를 선언했다는 것을 확인해줄 따름이다. 실제로 약물을 복용하는 기간이 길어지면 뇌신경 조직의 손상이 커져서 이에 따른 사고기능의 장애가 발생하고 점점 재활은 점점 더 어려워진다. 즉 '뇌신경 조직의 손상이 커지는 것'은 약물을 사용하지 않는 기간이 늘어나서가 아니라 약물을 '사용한' 기간이 증가된 탓이다. 조현병과 같은 정신병 약을 장기적으로 복용하게 되면 더 이상 약에서 벗어날 수 없기 때문에 약을 먹으면 먹을수록 뇌신경 조직에 손상이 일어난다. 이것이 사실이다. 하지만 의사들은 '약 복용을 중단하면 뇌신경 조직에 손상이 일어난다'라고 한다. 정말 이런 이야기를 하시는 의사 분에게는 "당신의 가족이 조현병이나 유사한 정신병의 진단을 받았을 때에도 지속적으로 약을 먹어야 한다고 이야기하겠습니까?"라고 묻고 싶다. 만일 이 경우에 "나는 주저 없이 우리 가족에게 정신병 약을 바로 먹이겠습니다"라고 어느 분이 말씀하신다면 나는 그것을 '확신범'이 나름대로 저지를 수 있는 행동으로 이해할 수밖에 없다. 믿음의 기적, 믿음의 역사는 그것이 긍정적이든 부정적이든 인류의 역사에 항상 뚜렷한 흔적을 남겼기 때문이다. 치매의 경우도 약을 통해서 뇌신경 조직이 더 이상 손상되지 않거나 회복되는 게 아니라 뇌신경 조직이 손상되는 것을 조금 늦추어주는 효과밖에 없다는 것이 전문적인 또는 과학자의 기본적인 연구 결과이다. 그런데도 의사들은 조현병 환자 이야기만 나오면 '약을 복용하지 않아서 그렇다'라고 이야기한다. 그리고 누구도 여기에 질문을 던지지 않는다.

약으로 수행하는 현대판 마녀사냥

조현병 환자로 진단받은 사람이 복약을 시작하면 점차 사고기능 장애가 일어나서 일상생활 관리 같은 평범한 일조차 수행할 수 없는 상태에 처하게 된다. 이렇게 되면 뇌신경 조직의 손상은 더욱 가속화된다. 약의 영향으로 신체활동이 일어나지 않는 상황에서는 뇌신경 조직의 퇴화 속도가 더 빨라지기 때문이다. 청도대남병원 같은 곳이 적절한 예다. 환자들을 집단 수용하는 그런 병원에 수용하면 사회생활을 할 때보다 두 배 세 배 이상으로 모든 신체 기능이 저하된다. 지속적인 약물 섭취와 집단 수용 같은 변화된 생활환경은 환자의 신경조직 손상, 또는 이에 따른 사고능력의 저하를 초래하여 점차 극도로 심각한 환각 증상과 더불어 치매에 버금가는 인지기능의 실질적 손상까지도 유발한다. 하지만 이 모든 것은 의사들 이야기처럼 '약을 먹지 않아서'가 아니라 '약을 너무 많이 먹어서'이다.

실제로 조현병을 둘러싸고 일어나는 현상이나 사례를 잘 살펴보면 '나무위키7-3'의 '조현병, 치료받지 않고 방치한 경우'에 나온 결론과 다르다는 사실을 알 수 있다. 이런 종류의 글에 가장 많이 나타나는 표현이 '조현병 담당 의사한테 치료를 받도록 하자. 초기에 진료를 받아 치료를 받는 것이 중요하다'라는 것이다. 그런데 이 말은 내게 십계명에 나오는 제1계명처럼 들린다. '나 외에 다른 신을 섬기지 말라'는 계명 말이다. 오늘날 정신과 의사들은 어쩌면 본인이 신이나 된 것처럼 "내가 딱 보니까 당신은 조현병 환자야!" "내가 딱 보니까 당신은 우울증 환자야!"라고 환자를 진단하고 진료하는 것 같다. 즉 '나 외에 다른 신을 믿지 말라'는 제1계명을 "약 외의 다른 길을 찾지 말라"는 표현으로 치환한 것 같다. 그러니 조현병은 분명 '병'이므로 전문가인 의사들한테 치료를 받아야 한다고 주장하는 것일 터다. 하지만 이때 그들의 마음은 '그것은 병이어야 해요! 병이 아닐 수 없어요'라는 절박한 외침이 아닐까? 따라서 "약물을 사용하지 않은 기간이 길면 뇌신경 조직의 손상이 커져 이에 따른 사고기능 장애로 점점 더 재활이 어려워진다. 신경조직 손상에 따라 사고능력이 저하되어서 병에 대한 자각능력까지 떨어지게 되며, 이게 중첩될 경우 당사자는 극도로 심각한 환각 속에 치매에 버금가는 인지기능의 실질적 손상까지 입게 된다"고 하는 나무위키의 '협박성' 발언은 이렇게 수정되어야 한다.

약물을 사용하는 기간이 길어지면, 뇌신경 조직의 손상이 커진다.

그리고, 조현병 환자로 진단받은 사람이 복약을 시작한 이후에 점차적으로 깊어지는 환자의 사고기능 장애는 약의 영향과 스스로 자신의 생활 관리를 할 수 없는 환경의 변화로 인해 더욱 가속화한다. 지속적인 약물 섭취와 변화된 생활환경이 (환자의) 신경조직 손상 또는 이에 따른 사고능력의 저하를 초래하면서, 점차 극도로 심각한 환각 증상과 더불어 결국 치매에 버금가는 인지기능의 실질적 손상까지도 유발하게 된다. 정신과에서 주는 약, 특히 조현병 약을 복용한 환자들이 보통 수년에서 수십 년 동안 약을 먹으면서도 완치되는 비율이 아주 낮은 이유도 바로 여기에 있다.

21세기 인간의 마음은 과거와 완전히 다르다. 더 이상 절대자 신의 존재를 믿지 않고 자기 자신의 마음이 곧 신의 마음인 것처럼 믿고 살아간다. 그런데 마음의 주인이 '나 자신'이라고 생각하지 않으면 "내가 뭘 해야 될지 모르겠어요"라거나 "뭘 하고 살지" 등등 남에게 자기 마음의 방향과 결단을 의존하게 된다. 마치 "대통령님, 제 문제를 해결해주세요" 또는 "주인님, 저를 이 굶주림에서 벗어나게 해주세요" "제게 일자리를 찾아주세요" 하고 부탁하는 마음이 되는 것이다. 이럴 때 그들의 마음은 조현병 환자가 자신이 제 삶의 주인이 아니라고 믿으면서 누군가가 자기의 삶을 보호해주길 바라는 그런 심리 상태와 같다. 문재인 대통령이 '한반도 운전자론'을 내세우면서 한반도의 평화는 북한 김정은의 변덕이나 위협 또는 미국 트럼프의 장삿속에 의한 돈 뜯기기나 협박에 굴하지 않고 한반도의 운명은 내가 결정하겠다고 주체성을 공고히 하는 마음과는 정 반대다. 조현병을 대하는 정신과 의사들의 마음도 환자 스스로가 자신의 정체성을 찾고 자신의 삶을 스스로 책임질 수 있도록 치료해야겠다는 생각에 공감해야 할 것이다. 하지만, 이런 마음이 있는지에 대해서는 정말 의문이다. 즉 '북한 김정은의 마음과 트럼프의 마음을 잘 연결해줄 테니 당신들 각자가 원하는 바를 요령껏 풀어봐라. 대신 한반도의 운명은 내가 결정하고, 대한민국의 평화를 지키는 주체는 대한민국이다'라고 하는 마음 말이다. 한반도의 평화전략 찾기와 조현병의 치료 방안 찾기가 이토록 유사하다는 것, 정말 놀랍지 않은가? 따라서 볼턴이 "문재인 대통령이 조현병 환자 같다"라고 이야기한 것은 두 이슈의 핵심을 놓친 어리석은 비유에 불과하다.

모든 꽃이 장미라면

현재 조현병으로 분류된 사람들이 이미 50만 명을 넘겼다고 한다. 무서워서 어떻게 살겠냐며 호들갑을 떤다. 그런데 우리가 간과하는 사실이 있다. 노벨경제학상을 받은 경제학자이자 수학자인 존 내시(John Forbes Nash, Jr., 1928~2015)와 안무가인 바츨라프 니진스키(Vaslav Nijinsky, 1890~1950)도 조현병 환자로 분류되었다는 점이다. 그 뿐인가? 천재 과학자 알베르트 아인슈타인(Albert Einstein, 1879~1955), 의식의 흐름이라는 기법으로 『율리시즈』라는 대작을 완

◇ 천재 수학자 존 내시

◇ 셰헤라자드를 연기 중인 니진스키

◇ 알베르트 아인슈타인

◇ 제임스 조이스

◇ 버트런드 러셀

◇ 제임스 왓슨

◇ 무지개

성한 작가 제임스 조이스(James Augustine Aloysius Joyce, 1882~1941), 20
세기를 대표하는 철학자이자 지성인 버트런드 러셀(Bertrand Russell,
1872~1970), DNA를 발견한 제임스 왓슨(James Watson, 1928~)도 조현
병과 관련이 있다고 알려졌다. 본인들이 직접 이 병 때문에 고통을
당하지는 않았지만, 이들을 쏙 닮은 자녀들은 이 병으로 진단을 받
거나 치료를 받기도 했다. 어쩌면 본인들도 정신과 의사들을 찾아갔
더라면 '조현병' 진단을 받았을지 모른다. 이 반짝이는 천재들이 말
이다.

한국 사회를 이루는 수많은 '우리'들. 우리 각자가 살아가는 모
습들을 보면서 나는 종종 무지개를 떠올린다. 일곱 빛깔 무지개. 그
각각의 색들은 너무 뻔하거나 촌스럽거나 답답하게 느껴지기도 해

서 일곱 빛깔 모두를 다 좋아한다 할 수는 없지만, 그래도 다른 색깔이 대신할 수 없는 고유한 빛깔이기에 어느 하나라도 빠지면 무지개라고 부를 수 없는 것, 그 무지개 말이다.

각각의 색들이 있는 그대로를 인정하고, 존중하며, 조화롭게 어우러져 끝없는 하늘에 활짝 펼쳐지는 순간. 그 순간이 진정 독립된 대한민국의 사람들의 모습이 아닐까 생각하면서. 퍼즐도 마찬가지다. 마음에 들지 않는다고 하여 하나를 빼버리면 어떨까? 잘 맞춰지지 않는 퍼즐 조각을 자르고 깎아 모양을 바꿔버리면? 아마 우리는 영원히 퍼즐을 완성하지 못할 것이다. 지금 당장은 그 정체를 알 수 없는 퍼즐 한 조각. 그것을 그대로 존중하고 차근차근 맞춰나간다면 어떨까?

타자의 삶의 방식에 대해, 우리가 서로 다름에 대해, 우리가 받아들이기 힘들거나 이해하기 어려운 부분들을 '병' '병적인 것' '뜯어고치고 없애버려야 하는 것'이라 속단하지 않아야 한다. 그런 진단을 무조건 수용하면서 과학의 허울을 쓴 '치료'라고 안심하며 접근하지 말자. 이러한 인식과 접근법은 너무나 원시적이고 야만적이다. 해바라기를 해바라기로, 매화를 매화로, 파리지옥을 파리지옥으로 바라보기. 이런 시각과 관점이 필요한 때다. 우리 모두가 비슷한 장미가 되면, 과연 안전하고 범죄가 없는 완벽한 세상이 될까?

괜찮아 사랑이야

　노희경 작가가 극본을 쓰고 조인성과 공효진이 각각 남주 여주를 맡아 열연을 펼쳤던 드라마가 있다. 2014년에 방영된 〈괜찮아 사랑이야〉다. 이 드라마를 설명하는 한 줄 로그라인은 '정신건강의학과를 배경으로 작은 외상에는 병적으로 집착하며 호들갑을 떨지만 마음의 병은 짊어지고 살아가는 환자들의 삶과 사랑을 일목요연하게 되짚어보는 '마음성형 메디컬 드라마'로 되어 있다.

　성형이란 본래 사건사고로 원형에 손상이 갔을 경우 이를 원래 상태에 가깝게 복원하는 것을 의미했다. 그러나 남녀 모두에게 '미(美)'가 자본이 되면서부터 성형은 외모를 '더 아름답게 고치는 것'으로 의미가 변해버렸다. 여기서 말하는 것은 '외모'다. 그런데 위의 한 줄 로그라인을 보면 '마음성형'이라는 표현이 나온다. 마음을 성형하다니, 마음에 '문제'가 있는 모양이다. 그렇지 않고서야 마음에 굳이 성형이라는 단어를 갖다 붙였을 리 없다.

　보신 분들은 다 알겠지만, 이 드라마는 조현병을 앓는 남자 주인공이 여자 친구를 만나면서 한 발 두 발 세상으로 나가는 과정을 아주 따뜻하게 그려냈다. 그 과정에서 드라마의 등장인물은 물론 시청자들도 천천히 몸이 아닌 마음에 주목하게 된다. 감기에 걸리고, 암에 걸리고, 알레르기 때문에 고생하고, 당뇨나 고혈압 같은 성인 병에 시달리는 게 정말 우리 인간의 몸뿐일까? 마음은 언제나 안녕할까? 행복의 기준으로 곧잘 리스트에 오르는 좋은 학벌, 경제적 능력, 훤칠한 외모, 금수저 부모처럼 물질적인 것들은 잘 챙기면서 정작 이 모든 것을 한 방에 무너뜨릴 수 있는 핵폭탄이 우리 마음에 있다는 사실은 왜 다들 모른 척하는 것일까?

　이 드라마는 그동안 우리가 '가급적' 숨겨두고 싶어 했던 마음, 누구나 다 안다고 하지만 사실은 아무도 잘 모르는 마음, 그 마음 깊숙이 묻어둔 상처, 그 상처들이 바람도 못 쐬고 빛도 보지 못해 더 커다란 상처로 남게 되는 우리 마음의 병에 관한 이야기다. 잘나가는 추리소설 작가인 남주 조인성은 상상 속의 인물과 대화하고 먹고 생활한다. 주변 사람이 보기엔 이상하기 그지없다. 혼잣말을 하거나 과대망상에 빠지기 일쑤다. 심리 상태도 하루에 몇 번씩 변한다. 아니, 한 시간에 몇 번씩 오락가락 한다. 하지만 조인성은 몸이 망가질 정도로 약물을 복용하거나 폐쇄병동에 입원하지 않는다. 결말은 너무나 따뜻하다. 여자 친구 공효진을 비롯한 주변 친구들이 그의 손을 잡고 모두가 살아 있는 진짜 세상으로 인도한다. 조현병은 그냥 마음이 아픈 것이고, 조현병을 앓는 그는 너무 이상해서 같이하기 힘든 그런 사람이 아니라 그냥 조금 특별한 사람일 뿐이다. 그냥 나랑 조금 다르고, 당신과 조금 다른 사람일 뿐이니까.

같지 않은 것을 '병'이라 부르지 마라

그러나 현실에서 〈괜찮아 사랑이야〉 식의 결말을 바라는 것은 거의 '미친 짓'이다. 환자를 둘러싼 주변 인물은 물론 사회의 시선이 냉랭하게 왜곡되어 있는 탓이다. 조현병을 바라보는 현 정부의 관점과 보건 정책 역시 매우 위험하다. 인간을 있는 그대로 인정하고 서로 받아들여야 한다는 것을 철저하게 무시하고, 권위나 전문가의 힘에 의지하여 그들의 의견에 일반 시민을 복종시키려고 한다. 조현병 환자로 분류된 이들, 즉 사회가 쉽게 받아들이기 어렵고 평범하지 않은 이들을 국가에서 관리하면서 뇌기능에 영향을 줄 수 있는 화공약품을 투약하려고 한다. 약을 지속적으로 복용하게끔 감시하고 이들을 수시로 가둘 수 있는 병원 시설을 더욱 확충하고 돌봄 인력을 보강하려고 한다.

이는 마치 "네 특이한 얼굴은 일반적인 한국인 얼굴이 아니야. 그래서 국가에서 관심을 가지고 너를 위해 예쁜 연예인 닮은꼴로 성형수술을 시켜주려고 해"라고 이야기하는 것과 같다. 본인의 생각이나 의지와는 별개로 유명 연예인을 닮은 비슷한 얼굴, 예쁘지만 흔한 얼굴로 만들어버리는 것과 같다. 이렇게 자연미를 잃어버리고 본모습으로 돌아갈 수 없는 성형미인으로 만든 뒤 이를 '치료'라고 부르는 것과 조금도 다르지 않다. 생각만 해도 소름이 돋는 끔찍한 일이다.

〈라라랜드〉라는 영화에 나오는 '꿈꾸는 바보들(The Fools Who dream)'이라는 노래 가사 중에 "조금은 미쳐보는 게 중요한 키인지도 몰라요. 지금까지 눈에 띄지 않았던 새로운 빛깔들을 볼 수 있게 해주는 열쇠. 그게 우리를 어디로 이끌지 누가 알겠어요? 그래서 평범한 이들에게 우리 같은 사람이 필요한 거예요"라는 대목이 나온다. 그렇다. 어쩌면 우리 모두 100점이 아니기에, 그리고 다른 이들과 달라서 발전 가능성이 더 많을지도 모른다.

그렇다면 조현병 환자로 분류된 이들로 인해 고통을 당하는 가족들은 어떻게 하면 좋을까? 사실 조현병 환자를 국가가 관리해달라는 그래서 조기에 약을 투약할 수 있게 해달라는, 그리고 꾸준히 약을 먹일 수 있게 해달라고 청원하는 가족들도 많다. 이처럼 가까이 있는 가족들조차 이들을 있는 그대로 받아들이지 못하는 터에 그들을 있는 그대로 존중해달라고 요구한다니, 너무 위험하지 않은가, 라고 생각하는 분들도 있을 것이다.

한 번 찬찬히 되짚어보자. 현재 조현병 치료에 대한 의료계의 성공적인 성과라고 말하는 것은 어떤 걸까? 질병관리본부 홈페이지에 나온 내용을 보면 조현병 환자로 진단받은 후에 첫 입원 치료 후 5년에서 10년 추적 관찰한 연구의 결과가 나오는데, 대개 10~20퍼센트에서 좋은 결과를 보였다고 한다. 그런데 이 '좋은 결과'라는 게 무엇을 의미하는지 분명하지 않다는 게 문제다. 만일 이것이 적어도 병원이나 약에 의존하지 않고 살아간다는 뜻이라면 믿어도 좋을 것이다. 그러나 자발적으로 인간의 병이 치료된다는 '50퍼센트 정도의 회복율(자기회복율)'보다 월등히 낮은 수준이라면 이를 두고 과연 '치료의 효과'라고 할 수 있을까? 심지어 이런 회복 또는 치료가 되었다는 경우에도 재발률이 80퍼센트 이상이라고 언급되어 있다니! 결과적으로 의료진에 의한 치료라는 것은 인간이 가진 자체 회복력조차 제대로 활용하지 못한 것일 뿐이다. 차라리 치료하지 않는 것이 더 나을 정도다.

실제로 일어나는 현상이나 사례들을 잘 살펴보면 앞에서 언급한 '나무위키-7.3. (조현병) 치료받지 않고 방치할 경우'에서 나온 결론과 다른 생각을 할 수 있을 것이다. 예를 들어 '조현병 담당 의사한테 진료를 받도록 하자. 초기에 진단을 받아 치료를 하는 것이 중요하기 때문이다'라는 말을 보자. 이 문장은 왜 십계명의 제1계명처럼 들릴까? 분명 '조현병도 병이므로 전문가 의사를 믿고, 약을 먹어야 한다'는 뜻일 터다. 그런데 왜 이 말이 '나 외에 다른 신을 섬기지 말라'는 것처럼 들리는 걸까? 21세기 현대에서 우리는 의사를 신이라고 섬겨야 할까, 아니면 약을 신에 준하는 구원자로 받아들여야 할까? 어느 것도 아니라면, 이제 우리가 마치 신처럼 믿고 있는 것이 무엇인지 다시 알아보아야 할 것이다. 우리 스스로 나 자신이 어떤 사람인지, 우리 주위에 있는 나와 다른 그들이 어떤 사람인지를 알려고 하는 그런 일이 될 것이다.

조현병이든 공황장애든 우울증이든 어떤 정신병으로 진단되는 것은 병의 진단이 아닌 과학의 이름으로 마치 신과 같은 역할을 하는 의사가 저지르는 아주 비과학적인 활동이다. 이런 상황에서 벗어나기 위해서라도 이제 '마음의 아픔' '마음의 병'이 무엇인지 바로 그 사람을 중심으로 탐색하는 것이 절실히 필요하다. 의사들이 상투적으로, 아니 아주 당위적으로 이야기하는 환자 중심의 치료, 환자를 위한 치료가 바로 이런 탐색이다. 정신병 환자에게 '뇌의 손상' 때문이라고 말할 게 아니라 그들이 자신의 마음을 잃고 얼마나 힘들어 하는지 이해하고, 그들이 자신의 마음을 찾을 수 있도록 돕는 노력과 지원활동 및 치료를 아끼지 말아야 한다는 것을 정확하게 인지해야 한다. 그리고 이런 안타까운 이 나라의 상황에서 마음의 아픔을 느끼는 그 사람들이 나와 너와 다르지 않은 사람이라는 인식이 그 무엇보다 필요하다. 또한 내가 오늘 나의 삶에서 아픔을 느낀다면, 그것은 자신의 마음을 잃어버려 누구에게도 말하지 못하는 마음과 몸의 아픔을 느끼는 그들과 전혀 다르지 않다는 생각도 할 수 있어야 한다. 이런 활동을 제대로 하기 위해 심리상담과 심리치료, 그리고 인간의 마음을 더 잘 아는 효과적인 방법을 찾아가는 여정에 독자 여러분의 더 많은 관심과 성원을 기대한다.